我只会做我自己
苹果CEO
蒂姆·库克
的卓越法则

林 画　李琦晨 ◎ 著

新世界出版社
NEW WORLD PRESS

图书在版编目（CIP）数据

我只会做我自己：苹果CEO蒂姆·库克的卓越法则／林画，李琦晨著.
--北京：新世界出版社，2016.5
ISBN 978－7－5104－5637－4

Ⅰ．①我… Ⅱ．①林… ②李… Ⅲ．①电子计算机工业－工业企业管理－经验－美国 Ⅳ．①F471.266

中国版本图书馆CIP数据核字（2016）第053919号

我只会做我自己：苹果CEO蒂姆·库克的卓越法则

作　　者：	林　画　李琦晨
责任编辑：	张杰楠
责任校对：	宣　慧
责任印制：	李一鸣　黄厚清
出版发行：	新世界出版社
社　　址：	北京西城区百万庄大街24号（100037）
发行部：	(010) 6899 5968　　(010) 6899 8705（传真）
总编室：	(010) 6899 5424　　(010) 6832 6679（传真）

http://www.nwp.cn
http://www.nwp.com.cn
版权部：+86 10 6899 6306
版权部电子信箱：nwpcd@sina.com

印　　刷：	三河市骏杰印刷有限公司
经　　销：	新华书店
开　　本：	710mm*1000mm　　1/16
字　　数：	180千字　　印张：14.75
版　　次：	2016年5月第1版　2016年5月第1次印刷
书　　号：	ISBN 978－7－5104－5637－4
定　　价：	36.80元

版权所有，侵权必究
凡购本社图书，如有缺页、倒页、脱页等印装错误，可随时退换。
客服电话：（010）6899 8638

序　蒂姆·库克：在苹果写下属于自己的传奇

2011年8月24日，在苹果公司董事会的例会上，乔布斯正式将苹果公司CEO的职位交到了蒂姆·库克手中。

然而，对于这位新任CEO，外界普遍持质疑的态度，无论他做出什么决定，人们都会想：假如乔布斯还在的话，他会怎么办？可以说，苹果观察家们一直紧盯着他的一举一动，无时无刻不在寻找他与乔布斯之间的差别。

尽管大多数人都在质疑蒂姆·库克的能力，但仍有一些人对他以及他所领导的苹果充满信心。2011年8月31日，一位名叫本·戈尔德的科技博客撰写人就曾给蒂姆·库克的电子邮箱发去了一封邮件，邮件只有简简单单的一句话："别做史蒂夫·乔布斯，做蒂姆·库克。（Don't be Steve Jobs, be Tim Cook.）"令人出乎意料的是，蒂姆·库克亲自给他回了一封邮件，邮件中也只有简单的一句话："放心吧，我只会做我自己。（Don't worry. It's the only person I know how to be.）"

乔布斯把苹果CEO的位置交给蒂姆·库克时，就给了他人生中最好的建议："保持专注，今后不要问自己这个问题——乔布斯会怎么做？"从那一刻起，蒂姆·库克就成为一位内心强大的CEO，外界的评论永远不会影响到他。

蒂姆·库克深知，做乔布斯的接班人并不容易，但他还是决定"只做我自己"。他说："有人批评我脸皮厚，但是我认为每个CEO都要有顶住非议的能力，否则，太过敏感，耳根太软，你就当不了CEO。社交媒体上有太多噪音，你要坚持你的决定。批评别人更容易、更简单，但是告诉你该怎么做的人很少。"

对于担任苹果公司CEO这个新角色，蒂姆·库克满怀信心和期待。在上任的第一天，蒂姆·库克就给全体苹果员工发去了一封热情洋溢的邮件，邮件中写道：

"我希望你们相信，苹果不会改变。我珍惜并支持苹果独一无二的原则和价值观。乔布斯一手缔造的公司及其文化与世界上任何一家公司都不相同。我们将会保持这样的文化。事实上，它已融入我们的血液之中，成为我们DNA中的一部分。我们将会继续制造全世界最好的产品，满足用户的需求，并且让员工对自己的付出感到无与伦比的自豪。"

迪斯尼公司CEO、苹果董事会成员罗伯特·艾格尔曾说："尽管蒂姆以前所未有的热情担负起了CEO的责任，但他的热情被一种对乔布斯深沉的哀悼压制了下去。这使得苹果的过渡时期变得异常艰难，对蒂姆、对每一个苹果人都是如此，而蒂姆要做的是证明他自己。"

蒂姆·库克确实用他的努力证明了自己：在他担任苹果CEO之后，苹果实现了令人难以置信的全面增长，其中年营业收入翻了3倍多，净利润增长了9倍，苹果股价上涨近50%，并曾在2012年9月达到历史最高点705.07美元，市值达到历史最高——6235亿美元，超过微软成为美国市值最高的公司。

对于蒂姆·库克这位苹果公司新CEO的表现，外界的态度由最初的质疑转为好评连连。硅谷IT分析师蒂姆·巴加林就对其表示了高度的评价:"从目前的情况来看,库克担任CEO的表现应该得'A+'。这恐怕是我们见过的最顺利的公司领导层变更。"斯坦福大学商学院教授杰弗里·普费弗也评论说:"库克不必成为乔布斯,他需要成为最好的库克。库克明白自己擅长什么,不擅长什么。"

2014年9月10日,在距离苹果总部大约2000米的旧金山弗林特剧院,苹果的工作人员正在为2014苹果秋季新品发布会做着最后的准备工作。蒂姆·库克也在这里,不过他没有和其他工作人员一起忙碌,而是一个人默默地坐在剧院后台,戴着他的白色耳机,听着iPhone里反复播放的流行摇滚乐队One Republic的一首歌,让自己平静下来。

蒂姆·库克最喜欢的,是这首歌的几句歌词:

"到了你起跳的时候,

"希望你不会害怕坠落……

"到了众人高叫的时候,

"希望他们叫的是你的名字……"

如果说从乔布斯手中接过苹果公司CEO的位置,是蒂姆·库克人生中"起跳的时候",那他确实没有"害怕坠落",反而跳得更高;而2014年9月10日这一天,或许就是蒂姆·库克人生中"众人高叫的时候",因为这一天,他带着真正属于他的伟大产品,一款全新类别的苹果产品——Apple Watch,和苹果最新的iPhone、Apple Pay等产品,将苹果推向一个新的创新高度,迎来更为灿烂的明天。

那些渴望成功,渴望创造伟大的产品,但又不想成为

"乔布斯第二",只愿意做自己的人,需要向蒂姆·库克学习,学习他对创新的执着,对中国市场的重视,对伟大产品的专注,对合作的推崇,对简单的专注,对产品体验的重视,对错误的坦诚,对环保、人权的高度关注,最重要的是,学习他努力奋斗、时刻为机会做好准备的精神。

第一章
不冒险尝试新事物，就会错过未来

iPhone 仍然是目前市场上最棒的智能手机 / 004
Apple Pay：我的目标是取代你的钱包 / 007
Apple Watch：你很难想象一个好的设计是不时尚的 / 013
我并不喜欢搞业余爱好，但我会坚持Apple TV / 020
iBeacon技术，开启又一个超级系统 / 024

第二章
中国是苹果的福地，我将疯狂投资

中国成为苹果最大的市场只是时间问题而已 / 032
打入中国市场，最好的方式是"联姻" / 035
把iPad mini当作儿童玩具卖，顺利进军教育市场 / 041
要想深挖中国市场，就要懂得"入乡随俗" / 045

第三章
只要产品足够好，用户就会埋单

我的目标并不是赢得第一，而是制造最好的产品 / 054

专注于能做到最好的那些事，并且做到最好 / 058

如果一家公司担心自家产品互相蚕食，就将开始走向灭亡 / 061

第四章
要想把工作做好，唯一的方法就是合作

如何更上一层楼？只能依靠一流的协作 / 068

寻找不同的人才，是引进经验、技术和新观点的好方法 / 073

苹果并非完美无缺，因此我需要努力弥补 / 078

收购是为了制造伟大的产品，而非提高收入 / 082

第五章
我们推崇简单，而不是复杂

库存就是魔鬼，"零库存"才是完美状态 / 090

谁占据了专用性资源，谁就抓住了竞争的主动权 / 095

最大的风险不是价格，而是供应链中断 / 100
在供应环节，必须做到细节上的无缝把控 / 105

第六章
我不在乎市场，只在乎产品体验

必须避开零售商和经销商，直接了解消费者需求 / 112
它们各有不同，但都很卓越 / 116
将硬件、软件和服务无缝整合，从而做更多事情 / 121

第七章
错了就认错，并且有改正的勇气

苹果将继续改善苹果地图，直到它称得上是世界级产品为止 / 128
我不会也从未对苹果的供应链问题坐视不管 / 132
出色的用户体验，不应以牺牲用户的隐私为代价 / 137

第八章
尽我所能，打造一个更美好的世界

在社会责任方面，我会保持百分之百的透明 / 144
苹果肩负的重大责任，是减少碳排放量 / 148
让有毒害物质在我们的产品和生产流程中无处容身 / 153
地球上的自然资源有限，我主张负责任地循环利用 / 157

第九章
给予是最好的礼物，我还能做得更多

他们想做什么，我就和他们一起去做 / 164
我的个人哲学是，给予是最好的礼物 / 168
每个人都值得被尊重，我将终生为此争取 / 173

第十章
只要做好准备，机会总会来的

比起理性，更应该相信自己的直觉 / 180
我相信奋斗，努力奋斗 / 184

把事情做好,自然而然就能收获金钱 / 187
不被外界言论左右,只听智者的话 / 192

蒂姆·库克讲话录

2010年5月在奥本大学毕业典礼上的演讲 / 196
2011年8月就任苹果CEO后致员工的信 / 202
2012年在高盛科技和互联网大会上的讲话 / 203
2013年在高盛科技和互联网大会上的讲话 / 216

我只会做我自己。

第一章

不冒险尝试新事物，就会错过未来

必须不断创新。不创新，就只有死路一条。
这也是深深植根于我们公司的一大文化。

——蒂姆·库克

iPhone仍然是目前市场上最棒的智能手机

1984年，在加利福尼亚州库珀蒂诺市德安萨学院的弗林特剧院，29岁的乔布斯慷慨激昂地向世界宣布："今天，我们将发布第三个里程碑式的产品：麦金塔电脑。"1998年5月6日，乔布斯又在弗林特剧院向世人展示了他重回苹果以来的第一件大作，也是被证明拯救了苹果公司的一款产品——iMac。

16年后，苹果CEO蒂姆·库克于2014年9月10日再次登上弗林特剧院这个对于苹果十分具有纪念意义的舞台，用自信而缓慢的语调向世界宣布："今天，我们要为大家介绍一些奇妙的产品，从这个舞台开始，将来，你们都会认为今天是非常重要的一天。……今天，我们要发布的产品，将是iPhone历史上最大的进步。我无比高兴，无比骄傲，我现在就要向大家展示（播放iPhone 6的产品展示视频），这些就是新的iPhone：iPhone 6和iPhone 6 Plus！它们毫无疑问是我们做过的最好的iPhone，我希望你们会同意，它们是你们见过的最好的手机！"

蒂姆·库克此次发布的新iPhone在外观上较以往有很大改变：它的尺寸更大，却纤薄得不可思议。新iPhone分为两种尺寸：4.7英寸的iPhone 6和5.5英寸的iPhone 6 Plus，它们的厚度分别为6.9毫米和7.1毫米。要设计一款尺寸更大，却毫无笨重之感的iPhone，绝非易事。在苹果的设计团队看来，他们面临的最大挑战，就是要想清楚到底什么是"大"。当人们理所当然地认为"大"就是放大时，他们却逆向思考，认为"大"就是"缩小"。缩小，就意味着要凝聚各种强大技术，比如做出更小的芯片、更薄的电池，同时还要让它们的性能更为强劲；打造出更薄、更清晰的多点触控显示屏……只有经过里里外外的打磨与测试，才能最终成就令人难以置信的大屏纤薄设计。

此外，新iPhone的机身边框也摒弃了iPhone 4和iPhone 5所采用的直角设计，改用弧度设计，外形变得更加光滑圆润，手感也更好。不过，为了提升拍照画质，iPhone 6及iPhone 6 Plus的摄像头均采用凸起设计，颠覆了苹果一直以来引以为傲的设计美学。

在性能上，新iPhone自然也给用户带来了不小的惊喜：首先是更大尺寸、更高分辨率的全新Retina（一种新型的高分辨率显示技术）高清显示屏，让用户体验到更高的对比度，更广阔视角呈现出来的色彩更真切的双域像素，以及优化的偏振光片。

苹果的iPhone 6配备的新一代A8芯片基于64位台式电脑级架构，可提供更为强劲的动力，即使是驱动新iPhone的大显示屏也游刃有余。M8运动协处理器则能通过包括全新气压计在内的诸多先进传感器，来高效测量手机的活动状态。因此，在性能更出色、电池使用时间更持久的"合力"之下，用户将有充足的时间，专注于实现更多的操作。

越来越多的人喜欢用iPhone随时随地拍摄照片，为满足用户越来越高的拍摄要求，新iPhone配备了拥有全新传感器的iSight摄像头，它不仅拍摄照片效果出类拔萃，还能录制绚丽的高清视频，捕捉戏剧性的慢动作视频。更令人惊讶的是，新iPhone首次让用户可以拍摄延时摄影视频。用户只需设置好iPhone，心中所想即可呈现眼前。

新iPhone拥有更快的4G下载速度，以及更多LTE（Long Term Evolution，长期演进技术，是一种移动通信技术，可让使用者获得更快的网络通信速度）频段支持，会让用户感觉到整个世界都触手可及。而突破性的Touch ID技术则让用户在访问自己的iPhone时有了独一无二的密码——自己的指纹，甚至在电子书商店iBooks和应用商店APP Store中下载或购买商品时，也可用自己的指纹作为密码。

新iPhone所搭载的iOS 8更是了不起的移动操作系统，它以令人惊叹的全新功能和特性，将人们曾经只能想象的美好变为现实，比如，使用语音控制系统Siri控制用户家中的设备，利用健康和健身APP与医生展开交流。不仅如此，开发者还拥有了更丰富的资源和更加多样化的工具，能将iOS 8中一些妙不可言的全新功能融入到他们的APP之中，将Retina高清显示屏的优势完美呈现。

可以说，无论是简洁精致的外形设计，还是软硬件的默契搭配，都让新一代iPhone成了最出众的苹果产品之一。正如蒂姆·库克所说的那样："它们毫无疑问是我们做过的最好的iPhone！"而市场的反应也证明了蒂姆·库克的话。iPhone 6和iPhone 6 Plus这两款大屏智能手机在全球上市首日的预订量就超过400万部，远超苹果公司的预期。而在中国工业和信息化部于2014年9月30日宣布iPhone 6获得进网许可后，苹果公司的合作伙伴中国联通的新iPhone预约开启后两小时，预约量就突破60万部，市场反应火爆。

自2007年1月苹果首款智能手机面世以来，每一次的新产品发布都会引爆手机市场。即便是苹果教父乔布斯离开了人世，iPhone也"仍然是目前市场上最棒的智能手机"。这是为什么呢？对于这个问题，蒂姆·库克在2014年的苹果发布会上给出了答案："iPhone是世界上最受欢迎的手机，不仅在行业中处于领先地位，在用户中也得到了广泛认可。这些iPhone和之前的iPhone一样，一次次地被认定为'世界上最好的手机'。因为最早的iPhone定下了标准，这个系列将永远优异，对于此后的每款iPhone，我们都遵循原先的iPhone理念，但会更加努力地提升iPhone的水准。"

蒂姆·库克认为："我们一贯集中精力在这样一点上——创造世界上最伟大的产品。我们认为，只有集中火力，继续围绕iPhone壮大整个'苹果生态系统'，才能抓住绝佳的机会，占领市场中的优势地位。"

有人曾对企业做出这样的分类：三流企业卖力气，二流企业卖产品，一流企业卖技术。那么，超一流企业卖什么呢？超一流企业卖标准。苹果就是一家卖标准的超一流企业。卖标准的前提是创造标准，而创造标准不可或缺的要求就是具有强大的创新实力。当今的智能手机领域内，在创新实力上，苹果公司可谓是当之无愧的王牌企业。苹果公司在智能电子产品领域，掌握着其他企业短期内无法超越的技术、标准专有权和全球化市场能力，正是这些组成了它的核心竞争力。

Apple Pay：我的目标是取代你的钱包

2014年9月的苹果新品发布会上，在介绍完最好的手机——iPhone 6和iPhone 6 Plus后，蒂姆·库克紧接着介绍了苹果的一项全新服务——Apple Pay。Apple Pay是一种基于NFC技术的手机支付功能，于2014年10月20日正式上线。

苹果怎么会想到开发这样一种手机支付功能呢？

首先，我们从NFC说起。NFC即Near Field Communication，是一种近场通信技术，又称近距离无线通信，是由无线射频识别及互联互通技术整合演变而来，在单一芯片上结合感应式读卡器、感应式卡片和点对点功能，可以在短距离内与兼容设备进行识别和数据交换。由于NFC安全性较高，因此这一技术被认为在手机支付等领域具有很好的应用前景。目前这项技术在日韩被广泛应用。手机用户凭借配置了NFC芯片的具有支付功能的手机就可以行遍全国：他们的手机可以用作机场登机验证、大厦的门禁钥匙、交通一卡通、信用卡等。

在电子购物飞速发展的今天，一些企业早就已经将目光瞄准了移动支付这个尚未完全发掘的市场。比如世界科技巨头谷歌，早早地就推出了电子钱包Google Wallet，中国移动也推出了自己的手机钱包，只可惜二者在手机领域并没有足够的整合力和影响力，因此人们"出门购物刷手机"的美好愿望一直未能真正实现。

作为科技创新行业的龙头企业，苹果自然也注意到了移动支付这个巨大的潜在市场。支付其实是一项庞大的工程，蒂姆·库克清楚地知道这一点。仅在美国本土，人们每天在信贷方面就要花去120亿美元，据估计是由约两亿笔信用卡交易构成的。在蒂姆·库克看来，刷信用卡支付账单是一个十分烦琐的过程：先从手提包或背包里找出钱包，然后打开钱包，从钱包里抽出信用卡递给收银员（收银员或许还会验看你的身份证件来证明刷卡人的身份），刷卡完成后再把信用卡放回钱包，又把钱包放回包里。而且，刷卡支付使用的是那张小小的塑料片，信息交换与记录仅仅依靠一串显露在外的数字，以及落后而脆弱的磁条——它已经有50年的历史了，安全码也一点儿都不安全,持卡人很容易丢失卡片并因此遭受损失。总而言之,人们一直十分期待出现替代产品。然而,尽管许多企业为此做出了不小的努力,但它们都失败了。

《纽约时报》曾评论说:"真正的移动钱包要经得住检验,但它仍是镜中花、水中月……目前大多数移动钱包产品都令人失望,或在面对主流骗局时难以招架。"为什么会这样呢?蒂姆·库克认为,之所以很多公司在美国发展移动支付业务都失败了,是因为它们将时间花在了思考如何建立商业模式,如何拥有、利用、销售和货币化手机数据上,而没有思考人们"为什么要用"的问题。这些公司完全以自身利益为核心,关注的焦点并不在用户体验上。

众所周知,用户体验正是苹果做得最出色的方面,苹果多款产品的成功都依赖于其无与伦比的用户体验效果。当然,苹果并不是不考虑商业模式,而是在做好了用户体验之后再考虑商业模式,正如蒂姆·库克自己所说:"我们开始想的是,用户想要什么?我们认为用户其实不想带钱包。我年轻的时候带钱包是为了装朋友或家人的照片,时不时就会拿出来看下。然而,现在人们不会这么做了,手机就可以存储照片,钱包的部分功能转移到了手机上,但信用卡没有,我们还在用塑料卡片,即使有了解决方案,你也可能不会用——因为在手机上要启动某个应用,也许还要先进行授权。"

截至2013年,苹果公司总计拥有5.75亿iTunes账户,大多数账户都绑定了信用卡。蒂姆·库克就曾透露,苹果拥有超过4亿绑定了信用卡的iTunes账户,这意味着iTunes成了全球拥有最多信用卡账户信息的商户平台。

为了给庞大的苹果用户群提供更好的用户体验,蒂姆·库克认为苹果公司理应为用户们提供一种更为安全且简单的支付方式。因此，苹果创造了一种全新的支付程序——Apple Pay。

苹果公司的iPhone 6和iPhone 6 Plus都嵌入了这项全新的支付业务——Apple Pay，苹果公司还专门为此设计了顶部NFC无线电接收天线。作为无接触支付标准配置的NFC技术，再加上便捷的指纹识别Touch ID技术，可对用户支付信息进行安全加密存储的嵌入式安全芯片，让苹果支付变得既简单又安全。

Apple Pay到底有多简单呢？我们来具体说说Apple Pay的支付过程。苹果公司的iTunes账户里有成千上万用户的银行卡绑定信息，当苹果用户拿到新的iPhone时，可以登录iTunes账户，直接选择已经绑定的银行卡。添加一张新卡也很容易，只要用户使用iPhone的iSight相机拍摄银行卡的照片，填上相关信息，并在银行页面确认持卡人信息，就可以完成新卡绑定。上述步骤都是一次性即可完成的，无须在每次支付时重复操作。完成了上述准备工作，每次购物或进行其他消费时，只要在手机上轻轻一点，就可以完成支付。

蒂姆·库克一再强调Apple Pay是安全的、私密的，这又是如何体现的呢？苹果公司负责互联网软件与服务业务的高级副总裁艾迪·库伊在苹果发布会上回答了这个问题："我们将安全性整合到硬件和软件里，当你添加一张新卡时，我们不会存储新卡的卡号，也不会交给其他商人，我们只创建识别账号的设备，并将其妥善地存储在安全芯片中。在你的每一次支付中，我们都会使用一个一次性支付代码，以及一个动态安全代码，因此你不再需要塑料卡片上的静态条码。另外，如果你的iPhone遗失或者被盗，你可以使用'寻找我的iPhone'功能，暂停那部手机上的所有支付。因为信用卡信息并没有被存储在手机上，所以没有必要取消信用卡。Apple Pay的核心除了安全性之外，私密性也一样重要，我们不会收集用

第一章
不冒险尝试新事物，就会错过未来

户的数据。当用户在某个地方使用了Apple Pay时，苹果并不知道用户买了什么，在那里花了多少钱，交易完全是在用户、商户和银行之间进行的，而且收银员看不到用户的名字、信用卡号和安全码，不像现在用塑料卡那样。所以，Apple Pay是精准、安全而且私密的。"

当然，更重要的是，Apple Pay一推出就在美国拥有了庞大的支持队伍：3类信用卡和借记卡网络——美国运通卡、万事达卡和维萨卡，6家大型开证银行，还有其他一些银行，它们总共占有美国信用卡消费市场的83%，而且份额还在逐年增加。与大型零售商合作也是苹果的战略之一，美国已经有22万家商户支持Apple Pay，比如，美国最大的百货商店——梅西百货和布鲁明戴尔百货，美国最大的药店——沃尔格林，美国最大的办公用品公司——史泰博，每天有2700万顾客的快餐连锁——麦当劳，美国最健康的杂货店和有机食品领导者——全食超市，地球上最快乐的地方——迪斯尼乐园，还有苹果自己的零售店以及塔吉特时尚零售在线、高朋网、丝芙兰……将来会有越来越多的零售商支持Apple Pay。

不过，光是支付更安全、便捷，用户体验更好，就可以改变业已形成的支付体系吗？当然不行。Apple Pay要闯进移动支付这个领域，至少得保证不对支付链条上的每个参与者造成伤害，即不但不能触动原有的利益分配格局，还要回报以更大的预期收益。苹果与信用卡发行机构、POS机商户的谈判筹码，是巨量且优质的iPhone用户，以及极低的Apple Pay移动支付实现成本：POS机原本就有NFC功能，终端商户无须负担任何新增成本。映射信用卡信息，执行令牌匹配机制，接入信用卡网络，一切都是技术改造的问题，大部分工作已由苹果公司完成，信用卡发行机构和商户都不用花什么力气，因此才乐意支持Apple Pay。正因为Apple Pay没有颠覆原有的支付链条，而是在尽量保持原有形态的前提下，仅仅新增一个环节（即Apple Pay）来强化这个链条，尽可能让链条上的每个参与者获取比原先更大的收益，它才能做到一经推出就得到广泛认可。

不过，美国连锁药店来爱德公司、零售药店巨头和保健事业提供商西维斯以及拥有11万加盟商的零售组织MCX主动拒绝了Apple Pay，因为它们正在研发自己的支付系统，准备进军移动支付的细分市场。尽管如此，蒂姆·库克仍对Apple Pay充满信心："只有你的客户喜欢你，你才能成为一家有影响力的零售商或商家。Apple Pay是第一款，也是唯一一款易用、安全、私密的支付系统。"

蒂姆·库克之所以对Apple Pay的前景有着极大的信心，是因为这是他耗费3年时间精心打造的支付产品。早在2012年的WWDC（Apple Worldwide Developers Conference，苹果全球开发者大会，以下简称WWDC）上，他就推出了Apple Pay的雏形Passbook，这是一款可以存放登机牌、会员卡和电影票等信息的工具，但当时除了苹果没有人知道它未来的发展目标。紧接着，2012年7月，他收购了奥森科技（著名的指纹认证传感器和相关解决方案的提供商）以获取其军用级别的指纹识别技术，为Touch ID的推出做好了准备。2013年9月，他宣布Touch ID正式"登陆"iPhone 5S，被安装在iPhone的Home键上，该按键还特别使用了非常耐刮防擦的蓝宝石材质。一进入2014年，蒂姆·库克就开始与各大支付网络商、银行以及数百家零售商进行谈判。到了2014年9月，谜底终于揭晓：iPhone 6和iPhone 6 Plus搭载NFC芯片，为Apple Pay的推出做好了充分准备。而2014年10月20日，iOS 8.1发布，Apple Pay随着这个新的系统版本正式上线。而Apple Pay支付服务正式推出后，72小时内即有100万张信用卡在该服务中被激活。

"支付时间到了，我们的目标是取代你的钱包。"或许，蒂姆·库克苦心打造的Apple Pay真的能取代我们的钱包，带领我们进入更快捷、更安全的移动支付时代。

人类不断进行技术创新，发明各种各样的工具，就是为了给生活带来便利，这是创新的根本价值。

哈佛商学院终身教授迈克尔·波特曾说："单纯的、无明确目的的技术变革并不重要。标新立异是获得成功的关键，要找到为买方创造价值的途径，增强自身独特性，使企业获得的溢价大于增加的成本。"

"解决问题是最重要的"，一款产品最重要的是其实用价值而非其他，不管是纯粹的有形商品还是纯粹的无形商品或者是两者的混合，人们之所以选择它就是为了解决问题。很多创新研究只强调创新的技术内涵而忽视了用户的体验，这种创新往往是毫无意义的。因此蒂姆·库克一直都强调，苹果要做的是实用的创新。

Apple Watch：你很难想象一个好的设计是不时尚的

"We have one more thing（还有一件事）"是乔布斯在苹果发布会上的经典用语，这句话之后往往是苹果公司新推出的"重磅炸弹"式的产品，它会带给苹果用户巨大的惊喜。蒂姆·库克深知这句话的重大意义，因此从不轻易说出。然而，当他站在2014

年苹果秋季新品发布会的舞台上时,却坚定地说出了这句话:

"We have one more thing..."

那么,这句话之后,蒂姆·库克丢出的"重磅炸弹"是什么呢?它就是Apple Watch。一想到要为大家介绍一款非同凡响的伟大产品,蒂姆·库克就觉得无比兴奋,无比自豪。他的脸上绽放着自信的笑容,语带激动但言辞流畅:"我们乐于创造出色的产品,这真的能丰富人们的生活。我们乐于将软件、硬件和服务无缝连接,乐于将科技做得更加个性化,让我们的客户做到想象不到的事情。我们已经努力工作了很长一段时间,以研发一种全新的产品,我们认为它将重新定义人们对这类产品的期望。我是如此兴奋,也万分自豪,我今天上午要跟大家分享苹果的全新篇章——Apple Watch!"

蒂姆·库克很少在新品发布会上详细介绍一款产品的功能,但在发布Apple Watch时却滔滔不绝,对其特性如数家珍:

"Apple Watch是我们创造的最个性化的产品!我们致力于做出世界上最好的手表,它必须精准,与国际标准时间同步,误差不会超过50毫秒;它能进行高度个性化设置,你可以找出反映你个性的使用方式;它可以和iPhone密切配合,是综合性的健康辅助工具。而且Apple Watch是经过深思熟虑设计出来的产品,带来了真正非同凡响的创新,其中之一就是用户界面。其实,苹果创造出来的每种革命性产品,都为用户设计了友好、简单的用户界面:Mac电脑带来了鼠标,让导航在个人电脑上变得轻而易举;iPod的点击式触摸转盘让用户能够轻松浏览数千首歌曲;至于iPhone,它的多点触控让我们能够跟图片、视频和音乐进行互动……Apple Watch也需要类似的精心考虑。

"我们没有做的是,把iPhone界面缩小到表面上,然后把它

第一章
不冒险尝试新事物，就会错过未来

套到你的手腕上——屏幕太小了，用户体验会很糟糕。比如，如果用双指操作来进行图像缩放，就会挡住视线，肯定不好用，所以，我们给手表上已经用了几十年的构件额外添加了一项功能。表柄，也被称为表冠，在Apple Watch上叫数码表冠。数码表冠包括红外线LED和图片旋钮，能把旋转、移动等操作转变成数码信息，它是一个非常简单、优雅而且奇妙的导航装置。我来举个例子，回到地图，在旋转数码表冠时就会拉近或推远地图，出现信息单时就能进行滚屏，所有类似操作都可以这样完成。如果你在某个应用，比如手表应用里，按一下数码表冠，就会回到主屏幕，这一点估计和你们想的一样。手表当然要用来佩戴，任何时间、任何场合你都可以佩戴它。这是非常个性化的科技产品，同时兼具时尚和品位；它是材料与软件相结合的产物，我们不仅考虑到了功能，还考虑了外观，Apple Watch有奇妙而丰富的设计库……"

在发布会中，蒂姆·库克对Apple Watch毫不吝惜赞美之词："能够把这些健康功能应用到Apple Watch上，我们感到无比激动。Apple Watch具有深层次的创新，它是精准的时钟，同时又有个人定制的性能，它以新的革命性的方式直接从你的手腕获取信息，是一款综合的健康监测设备，而且还不止这些……我们认为人们将会喜欢用Apple Watch，因为它功能强大，而且非常漂亮，它给人以力量，丰富人们的生活。Apple Watch是苹果公司创造的最人性化的产品，有Apple Watch，我们很激动，希望你们有同样的感受！"

对于Apple Watch这样一款真正由自己领导创造出来的伟大产品，蒂姆·库克确实有为之兴奋的理由。在蒂姆·库克看来，Apple Watch将进一步消除外界对他的质疑，也将证明他领导苹果的能力。有记者问蒂姆·库克："你对昨天的发布会有何感想？"蒂姆·库克的回答很好地体现了这一点:"实际上我想的是苹果做得如何。昨天,每个人都知道库珀蒂诺(苹果总部所在地)的创新力依然未减,以前的怀疑都烟消云散了。我认为以前就不应该怀疑,当然我们从没怀疑过自己,一直在开发这些产品。"

确实,在2011年乔布斯去世后不久,"可穿戴"刚刚成为硅谷流行语的时候,智能手表项目就已经在苹果公司的实验室里启动了。蒂姆·库克把这个项目的设计工作交给了苹果公司最富有才华的设计师乔纳森·艾维负责。乔纳森曾表示,这是他"做过的最困难的项目之一",原因包括工程技术上的复杂性,以及对手表与人体之间全新互动模式的探索。不过,Apple Watch是苹果第一款外观更贴近过去而非未来的产品这一特点,就足够让乔纳森心动了。为了创造出真正的智能手表,蒂姆·库克邀请了多位手表历史专家到库珀蒂诺给乔纳森的团队做演讲,讨论的话题包括"蕴含在计时工具中的哲理"。但许多业内人士对此并不看好,比如参与苹果演讲的法国作家多米尼克·弗雷舒就认为Apple Watch或许无法像经典瑞士手表那样具有永恒的魅力,他说:"技术变革很快就会让Apple Watch变得过时。"

为了反驳业内人士的质疑,乔纳森在正式投入研发Apple Watch之前先研究了钟表的历史:钟表由城镇中心的塔楼上,逐渐缩小到皮带扣上,继而变成了项坠甚至被放到裤兜里,最终到了手腕上(据说一开始是为了方便船长一边掌舵一边看时间),从此就再也没换过位置。由此可见,手腕正是这项技术的理想归宿。

接下来需要解决的,是技术上的问题。乔纳森最初的计划是把iPhone缩小到智能手表上,但后来他发现这样行不通,因为手表屏幕太小,照搬iPhone的多点触控技术,手指就会挡住屏幕。经过多番尝试,乔纳森最终找到了解决办法——数码表冠,也称数码旋钮，这个旋钮最终成为Apple Watch的标志性功能。在传统手表上，旋钮是用来上发条或设定时间的，而在Apple Watch上，用户可以通过按压该旋钮返回主屏，通过旋转旋钮对图像进行放大或缩小，以及在应用之间滚动切换。

在蒂姆·库克看来，智能手表不仅要功能强大，还必须具有时尚感。他的理由是："对于苹果来说，设计一直是至关重要的一项工作，我们花了很多时间确保设计的精确和完美。就可穿戴设备而言，实际上设计和时尚感这两个概念密不可分。你很难想象一个好的设计是不时尚的——一个好的设计必然是时尚的。这两者其实是相辅相成的，我不认为应该把苹果称为一个时尚的品牌，但是由于我们非常重视设计，设计出来的产品自然而然就非常时尚了。"

为了体现Apple Watch的时尚感，乔纳森的团队对细节的设计投入了巨大的精力：设计出了3款不同材质的手表，以及7款各具特色的表带；不必借助专门工具，只需按下两个按钮，就能卸下一款不锈钢表带；手表的包装同时可以当作充电座使用，佩戴者把手表放在表盒里的一块感应磁铁上即可进行充电……对于Apple Watch最后呈现出的时尚感，蒂姆·库克感到十分满意："我们在推出Apple Watch时就有不同的风格，从表带到软件，可以形成几百万种组合。"

2013年夏天，由于市场担心苹果缺少能促进营业额增长的新产品，苹果股价较历史高点下滑了40%。于是，蒂姆·库克准备加速手表项目，将该项目交给了负责运营的高级副总裁——51岁的杰夫·威廉姆斯。威廉姆斯是库克手下的一员得力干将，负责审查潜在收购、协调与富士康和其他制造商的合作，同时负责监管将千百万台设备从亚洲工厂运往世界各地零售店的物流工作。威廉姆斯因为和库克有着许多共同点，比如高个子、语调轻柔、热爱健身，对运营细节记忆力惊人，拥有杜克大学MBA学位，早年都曾经为IBM效力等，在苹果公司被称为"库克的库克"。

与开发Mac和iPhone的小型团队不同，Apple Watch研发团队在苹果公司内部并没有特别严格的保密要求，因为该团队由数百名工程师、设计师和市场营销人员组成，是直接由库克领导的跨公司、跨学科团队：苹果的芯片设计师为Apple Watch设计了专用芯片；曾为Mac和iPhone研制外壳的冶金学家为Apple Watch的高端型号做出了更坚固的金基合金外壳；苹果的算法科学家还研究了提升心率传感器精度的方法……

不过，最让蒂姆·库克喜爱的还是Apple Watch的健康管理功能。他曾如此评价道："苹果一直通过创造出色的产品来丰富人们的生活，无可争议地说，我们能用Apple Watch把苹果的这一传统带上全新的高度。多进行锻炼，是提升健康状况的最佳办法之一，而Apple Watch能激励人们做更多运动，变得更健康。如果你想稍微多活动一点儿，或者是你只想更好地记录一天都做了什么，或者你本来就会定期锻炼，甚至是非常认真的运动员，Apple Watch都能让你过得更好。"

为了带给苹果用户更好的体验，蒂姆·库克还推迟了Apple Watch的发售时间。他希望给研发团队更多的时间去开发相关的应用程序，以确保在Apple Watch发售的时候，可以有功能更出色的软件供用户配合使用。

总之，在蒂姆·库克眼里，Apple Watch是帮助佩戴者管理身体健康状况，远程遥控电视等家电，与好友保持在线联系，改善佩戴者日常生活的最佳工具。但他也清醒地认识到，"这是一段超长征程的开始"，正如乔纳森所说："我想我们处于一个不可抗拒的开端——真正开始设计可穿戴的科技,真正做到个性化!"

2014年11月,美国《时代》周刊公布了年度最佳发明,苹果智能手表Apple Watch毫无悬念地进入了名单。Apple Watch上榜的理由是:"大多数智能手表已被证明纯属鸡肋:它们试图浓缩手机的使用体验,结果却难以令人满意。相比之下,Apple Watch体现了全新的手腕电脑理念,利用新颖的接口把触摸屏与物理按钮结合到一起。除了具备钟表功能外,Apple Watch还可以发送信息、导航、跟踪使用者锻炼情况及进行无线支付。"

现代商业逻辑讲究差异化、个性化,创新也必须突出个性气质。好的创新不仅仅具有"内在美",而且能够让人一眼就看出与众不同的独特性。

对企业创新的研究表明,企业初生期的很多创新活动往往花费了86%的精力在"红海战略"上,仅有14%用于"蓝海战略"——探索未开发的市场或科技;到了企业利润显著成长的阶段,则有62%的精力用于"红海",38%用于"蓝海";最后,在明显获利的阶段,企业往往把更多的精力投注于未开发领域的探索,此时花费在"红海"的精力仅有29%,而用在"蓝海"的精力则高达71%。由此可见,创新要取得更大的成功,必须由血流成河的"红海竞争"转向碧海蓝天的"蓝海竞争"。苹果正是由于在创新上做到了"人无我有,人有我优,人优我特",才能成为全球领先的创新企业。

我并不喜欢搞业余爱好，但我会坚持Apple TV

在2006年的苹果产品发布会上，乔布斯首先宣布了iPod全系列的升级，以及iTunes商店很快会开始销售电影的消息，随后，他带来了发布会上的最后一款产品："最后这样东西对于我们来说有点儿不寻常，这是对于明年一季度一款产品的一次窥探。在将产品推向市场之前，我们一般会严格保密，但这一次，我认为它会让整个故事显得更加完整。"

乔布斯口中的"故事"其实就是苹果的未来发展规划——建立一个更加完整的生态系统，让消费者通过3块主要的屏幕，即计算机、便携式音乐播放器和电视，来获取自己感兴趣的娱乐内容。2006年，在计算机方面，苹果已经有了Mac；在便携式音乐播放器方面，苹果有iPod；而在电视方面，苹果还没有相应的产品。乔布斯在发布会上说到的这款产品就是苹果在电视业务上的尝试——电视机顶盒，它在展示当中被称作iTV，也就是后来的Apple TV。

Apple TV是由苹果公司推出的一款高清电视机顶盒产品，用户可以通过它在线收看电视节目，也可以通过Airplay功能，将iPad、iPhone、iPod和Mac中的照片、视频和音乐传输到电视上进行浏览或播放。2007年1月9日，苹果公司正式发布Apple TV，但直到3月21日，Apple TV才开始出货，并在5月31日推出了Apple TV的160GB版本。到了2010年9月，苹果召开秋季新品发布会时，又发布了新

第一章
不冒险尝试新事物，就会错过未来

的Apple TV 2，采用全新设计并搭载新的A4处理器，支持720P视频播放。

对于Apple TV，乔布斯抱有很大的期望："我们认为Apple TV会变得相当流行……我们希望iPhone成为我们椅子下的第三条腿，而也许有一天，Apple TV将会成为第四条腿。"然而，现实与乔布斯当初的设想有一点儿偏差：iPhone不仅成了苹果的"第三条腿"，更是苹果公司收益最高的产品；而Apple TV不仅没有成为"第四条腿"，反而成了苹果的一项"业余爱好"。直到2010年的第一周，Apple TV的销量才达到100万台，而在同一季度里，iPhone创造了超过1600万的销量。这也难怪Apple TV会被乔布斯称为"业余爱好"了。

然而，对于Apple TV这项并不成功的"业余爱好"，蒂姆·库克并不打算放弃，因为他看到Apple TV的潜力在一点点地增长。2011年，苹果售出了约300万台Apple TV，这可是前3年总销量的3倍。因此，蒂姆·库克在2012年的一次会议上清楚地表示："**现在，它不是椅子的第四条腿了。正如你们所了解的，我们并不是一家喜欢搞业余爱好的公司……但我们会坚持Apple TV。**"于是，2012年3月，苹果公司发布了Apple TV 3，外形不变，搭载全新A5处理器，支持1080P视频播放。新设备的发布大大提升了Apple TV的销量，到了2013年5月，Apple TV的总销量达到1300万台。而到了2014年4月，Apple TV的总销量更是达到了2000万台。事实证明，蒂姆·库克的坚持是正确的。

对于Apple TV这样一款年收入已经超过10亿美元的产品，蒂姆·库克觉得将其称为"爱好"已经不再合适，他在2014年2月的苹果股东大会上表示："**对我而言，把一款销售额达到10亿美元的产品称作'业余爱好'并不合适，从投资的角度来看，我们会继续**

把这款产品做得越来越好。"

2014年8月5日，苹果推出了全新Apple TV测试版软件，新版软件包含了备受期待的用户界面更新。新图标的风格与iOS 7类似，采用扁平、无高光设计，音乐、计算机和电视节目等图标采用了新的颜色，另外，屏幕上的字体也进行了更新。Apple TV测试版软件还增加了全新家庭共享功能，并支持iCloud照片。

2014年11月，美国专利商标局公布了苹果申请的"媒体系统中使用3D远程控制器滚动显示物体"的新专利，该专利可以让使用者通过类似"远程魔棒"的动作控制电视的用户导航界面。苹果公司认为，目前的控制方式——物理按键和触控屏界面都不是很有效率，也不直观，会引起用户混乱，因此开始探索新的解决方案。这可能预示着苹果正在彻底改变Apple TV的用户体验——结合苹果在2013年花费3.45亿美元收购了传感器厂商PrimeSense（著名的无厂半导体公司，在传感输入技术领域占据领先地位），部分业界人士猜测，未来的Apple TV很有可能使用手势操作。

2014年6月的WWDC上，苹果公司推出了智能家居平台HomeKit。基于该平台，用户可以通过Siri控制家中的一切智能家居设备，比如电视、电灯、冰箱等。而苹果在Apple TV的固件更新中也加入了对HomeKit的支持，因此有专业人士猜测，Apple TV将承担与所有支持HomeKit的家居设备保持"对话"的功能，也就是说，用户终端只要连接Apple TV，就连通了所有智能家居。

为什么业内人士会认为Apple TV将在智能家居平台当中扮演重要角色呢？很大一部分原因是，苹果一直在努力"攻占"人们的客厅，虽然目前只有Apple TV可以称得上是家居娱乐设备，但随着Apple TV的市场越来越大，其功能将越来越完善，家庭用户为其花费的时间也会越来越多。此外，还有媒体声称苹果将为Apple TV推

第一章
不冒险尝试新事物，就会错过未来

出定制的游戏手柄，以便用户通过Apple TV体验主机游戏的乐趣。一台集游戏、软件以及影视为一体的设备，只是想想就足够让人心潮澎湃了。

然而，苹果一直没有推出符合上述设想的Apple TV，也拒绝提供关于Apple TV的更多信息。在蒂姆·库克看来，苹果所做的最艰难决定就是"不去进入哪些领域"。当被问及Apple TV是否属于此列时，蒂姆·库克明确地否认了："智能电视是我们仍有极大兴趣进入的领域之一。目前，电视行业仍然停留在20世纪70年代的发展水平。想想看你现在的生活发生了多大的变化，你身边的一切都已经发生了改变，可是当你坐在客厅里打开电视时，就像是穿越了一样：用户界面太难看了，令人难以忍受……"

当有人追问苹果为何不出面解决这些问题时，蒂姆·库克却表现出不想谈太多的样子："我不想谈我们未来会做什么。我只能说，我们仍在Apple TV业务上采取了行动，如今Apple TV的使用量已经达到2000多万，我们的这个'爱好'还是很有前景的。我们会给Apple TV添加更丰富的内容，其用途会越来越多。总而言之，这是我们仍将继续探索的领域。"

看来，要知道Apple TV将为我们带来哪些惊喜，只有等到苹果公司发布消息的那一天了。不过，我们相信在蒂姆·库克的坚持下，苹果公司一定能实现乔布斯的遗愿："我想开发一款非常简单易用的一体化电视机，它可以与你所有的电子设备及苹果云服务保持无缝同步，它将拥有你能想象到的最简单的用户界面。"

现代的商业竞争已经不再是单纯以技术创新取胜，能够建立行业标准才是企业做大做强的关键。如果能创立一种新的商业模式，那么你就拥有了掌控一个行业的力量。蒂姆·库克之所以坚持Apple TV的相关业务，就是因为它代表着一种潜力巨大的新型商业模式。从商业与人们生活的紧密关联性来看，一种商业模式就是一种生活方式，建立一种生活方式并推广开来，其产生的商业效应也许是超乎想象的。

要知道，在一项参与企业众多的"价值活动"中，并不是每一个环节都能创造价值。企业所创造的价值，实际上来自企业价值链上的某些特定活动。这些真正创造价值的经营活动，就是企业价值链的"战略环节"。企业在竞争中的优势，尤其是能够长期保持的优势，归根结底，正是企业在价值链上某些特定的战略价值环节的优势。抓住了这些关键环节，也就抓住了整个价值链。这些决定企业经营效益的战略环节可以是产品开发、工艺设计，也可以是市场营销、信息技术、认识管理等，视不同的行业而有所区别。

所以，我们在创新中要明白创造新的商业模式的重要性，抓住了商业模式，就抓住了一种行业标准，而建立标准是现代竞争中企业的核心竞争力。

iBeacon技术，开启又一个超级系统

你是否想象过这样的场景：

当你走进商场的时候，手机中的购物清单会自动转化成一张个性化地图，并为你推荐最值得购买的商品。

当你站在音乐会会场外的售票机前时，拿出手机便可以一键完成门票的购买。

当你进入一家酒吧时，在不使用现金的情况下便可完成付费，甚至给予小费。

在没有信号的地下停车场，你的手机仍可以清楚地告诉你哪个地方有空车位，甚至在巨大的地下停车场中为你自动导航。

你一走到家门口，门就会自动打开，所有的家电感应到主人回来了，你在楼下的时候，空调自动变成了你最习惯的温度。

在没有任何网络的情况下，你也能轻松地控制数百米外甚至更远处电灯的关闭和开启。

……

随着移动应用的快速发展和人们生活节奏的日益加快，越来越多的人已经习惯于使用手机应用优化自己的日常生活，寻找便捷服务。蒂姆·库克一向强调，丰富人们的生活是苹果制造产品的宗旨。为了让人们拥有更快捷、更便利的生活，苹果公司在2013年WWDC上推出了iBeacon。此后不久，苹果公司就在全美254家苹果零售店中部署了iBeacon基站，当苹果用户走进苹果零售店时，iBeacon基站便与用户的iPhone或iPad互动，为用户提供信息帮助。

什么是iBeacon呢？它是一项类似于NFC的短距离数据传输技术。通过使用低功耗蓝牙技术，iBeacon基站可以创建一个信号区域，当设备进入该区域时，相应的应用程序便会提示用户是否需要接入这个信号网络。接入网络后，通过小型无线传感器和低功耗蓝牙技术，用户便能使用相应设备传输数据。连入该信号网络的设备可以感知到用户的地理位置发生了变化，继而判断是否要触发一些事件。可以说，只要是与人在室内有关系的互联网活动，如室内导航、移动支付、店内导购、人流分析等，iBeacon都能为用户提供相应的辅助服务。

比如，在一家安装了iBeacon基站的智能酒店，当客户来到前台时，iBeacon基站就会检测到客户的预订信息，客户不用排队便能办理手续直接入住；进入酒店房间后，iBeacon基站检测到手机信号，于是向客户推送酒店的各种服务信息，如Wi-Fi密码、泳池开放时间等；到了用餐时间，iBeacon基站又会告知客户今日有什么特色食物、哪些商品有折扣等。如此贴心的服务，谁不想拥有呢？

在安装有iBeacon基站的商场，根据用户所在位置，零售商可以提供特价优惠或是监控用户的活动。当然，除非用户在手机上安装了相应的APP，并且同意访问，否则零售商无法看到用户的信息。

和苹果以往的封闭性产品不同，iBeacon是开放性的。除了苹果自己的iOS设备外，其余厂商的设备甚至采用安卓系统的设备，只要搭载了相应的软硬件就可以使用iBeacon。业内人士猜测，苹果之所以选择开放iBeacon，是因为蒂姆·库克认为苹果目前还没有足够的能力来独自推广iBeacon。

对于这样一种极具商业前景的新型技术，零售业巨头们自然不会忽略。比如，英国乐购超市就积极参与iBeacon测试：向那些正在店内挑选商品的消费者发送信息，同时正在设计一种个性化的购物应用，帮助消费者精确定位商品在店内的位置。购物应用Shopkick与美国梅西百货公司也打算合作在商场中布局iBeacon技术，并在位于纽约和旧金山的两家梅西百货测试iBeacon系统。只要顾客在手机上安装了Shopkick应用，一走进这两家百货商店，就能立即获得问候提醒，并接收到商家正在进行的促销活动信息；当人们走近某件商品时，就可以同步在手机上看到产品的介绍及优惠信息。对于那些事先在家中用手机登录梅西官网并挑选了某款商品的顾客，一旦进入梅西实体店，相关应用便会自动提醒消费者该商品的具体位础。在苹果公司及众多研发、制造厂商的推动下，iBeacon或许真的能将人们的生活带入一个全新的时代。

　　苹果iBeacon技术的推广，很好地体现出苹果公司CEO蒂姆·库克极强的超前意识。超前意识是什么？其实就是谋划久远。一家企业要想拥有更好的事业发展，必须先看清潮流，要能够超前思考，掌握发展趋势，确保自己决策的前瞻性。假如企业对发展思路、目标不明确，对发展趋势不敏感，不善于长远思考，规划未来，就会走弯路，走下坡路，又谈何发展呢？

　　凡事预则立，不预则废。每个人的发展都离不开外部环境，而环境又是发展变化的，当前，同行之间的竞争异常激烈，不仅是知识技能的较量，同时也是行动与速度的对抗，俗话说"抢先一步赢商机"，如果不善于谋划未来，鼠目寸光，只关注当前，就会失去未来潜在的效益。

第二章

中国是苹果的福地，我将疯狂投资

说到中国，我认为那是一个庞大的市场。在那里，越来越多的人进入中产阶级行列。中国的发展速度超过了地球上的其他国家。在这个市场中，许多人购买我们提供的最新技术和产品，为此我们也像疯了似的向这个市场投资。

——蒂姆·库克

中国成为苹果最大的市场只是时间问题而已

2014年10月22日，蒂姆·库克第五次来到中国，在接受媒体采访时，他明确表示，苹果会增加在中国的投资，中国在各个方面对苹果都非常重要，中国成为苹果最大的收入贡献国只是时间问题。

蒂姆·库克之所以如此看好中国市场，是因为他看到了中国市场这几年的巨大变化。正如他自己所说："每次到中国来我都觉得很有收获，都能够感受到很多不一样的变化，所以每次来到中国我都觉得非常兴奋。我相信，未来中国将成为苹果最重要的市场，将成为苹果最大的收入贡献国。我不知道具体会在什么时候发生，但是我相信现在已经有了非常好的基础，这只是一个时间的问题。"

蒂姆·库克看到的第一个变化，就是苹果的员工数量在不断地增加。截至2014年，苹果在中国一共有7000多名员工，拥有15家直营零售店（2015年达到19家），为众多的用户提供各项服务。而且苹果在中国的门店可以说是全球最繁忙的零售店，北京的4家零售店平均每周服务75万消费者，这充分说明中国消费者对于苹果的产品越来越感兴趣。

蒂姆·库克看到的第二个变化，就是苹果在不断扩大与中国合作伙伴的合作，比如，2014年年初，苹果和中国移动建立了合作伙伴关系，与中国联通的合作伙伴关系也在不断地发展。在苹果的操作系统中，还添加了很多具有中国特色的功能，比如集成了百度、新浪的一些功能，这些都是用户非常喜欢的服务。

第二章
中国是苹果的福地，我将疯狂投资

正是由于看到了中国市场的这两大变化，蒂姆·库克才大胆放话："在未来我们还会在这方面做出更多的努力，因为过去这几年，中国市场发生了很大的变化，未来我们也会继续加大在中国的投资。"

在蒂姆·库克看来，中国市场在包括需求、供应、人力资源等各个方面，都是苹果至关重要的市场。正是因为看到了中国市场对苹果的重要性，蒂姆·库克才在2012年到2014年的短短3年中，以苹果公司CEO的身份5次访华。

蒂姆·库克以苹果公司CEO的身份第一次访华，是在2012年3月27日，其访问中国联通总部，会见中国联通集团董事长、副总经理等，访问中国电信总部，会见中国电信集团董事长，参观和体验北京西单大悦城苹果零售店。在业内人士看来，对于一向以高傲姿态示人的苹果来说，蒂姆·库克这次到访中国可以理解为向中国市场示好，同时也为此前乔布斯对中国市场并不重视的态度做一些弥补，当然更重要的是为苹果新版iPad扫清商标以及其他方面的障碍。

蒂姆·库克以苹果公司CEO的身份第二次访华，是在2013年1月9日，其行程主要是：会见中国工信部部长，讨论了中国IT产业和全球移动通信市场的现状，以及苹果在中国的发展；先后走访中国联通、中国移动和中国电信，与其高层管理人员会谈。

在这次访问中，蒂姆·库克首次接受了中国媒体的采访，并明确表示："中国现在是苹果的全球第二大市场，我相信在未来一定会成为苹果的第一大市场。我不能准确地预测是什么时候，但我对此深信不疑。"蒂姆·库克发现，直营零售店在中国是至关重要的，因为零售店能够给客户提供最优质的服务，更重要的是能够为苹果的产品和服务确立一个黄金标准。

同时，蒂姆·库克还公布了苹果关于中国零售店的计划——预计在中国开设的零售店总数将超过25家——当时，苹果在中国的零售店仅有11家。蒂姆·库克对此的解释是："过去曾经说过计划开25家店，但是自从我们开设了第一家零售店之后，就发现零售店的面积应该更大，这样才能服务于更多的中国消费者，给他们提供更好的服务。我可以确定，未来的数量肯定会超过25家。"

蒂姆·库克以苹果公司CEO的身份第三次访华，是在2013年7月30日，其行程主要是：会见中国电信、中国联通和中国移动高层。业内人士分析认为，他此次访华的最主要目的，是进一步加强苹果与运营商之间的合作关系，并尽快达成与中国移动的合作协议，扭转苹果在华业绩下降的情况。因为根据苹果公司之前发布的2013财年第三季度财报显示，其在中国的业绩大幅下降。财报显示，苹果第三财季在中国的营收为46.4亿美元（计入零售收入为49亿美元），同比下降14%，环比大幅下降43%。

蒂姆·库克以苹果公司CEO的身份第四次访华，是在2014年1月8日，其行程主要是与中国工信部部长和中国移动董事长会面，目的在于提前为中国移动定制的iPhone系列产品造势。此次访问中，蒂姆·库克还对与中国的其他商业合作表现出极大期待。同时，他透露，苹果将在北京投资建设研发中心，并将在中国建设苹果应用商店数据服务器及iTunes服务器，这将进一步改善中国苹果用户的使用体验。

蒂姆·库克以苹果公司CEO的身份第五次访华，是在2014年10月22日，与有关方面领导就加强信息通信领域合作、保护用户信息安全等问题交换了意见；到访郑州的富士康厂区，亲自为iPhone 6的生产督战；做客"2014清华管理全球论坛"，与清华大学经管学院院长钱颖一进行了一场巅峰对话。蒂姆·库克此次访华，除了为新产品iPhone 6造势外，还重在消除中国用户对苹果iOS系统安全问题的质疑。

对于苹果在中国的发展，蒂姆·库克感觉一切会越来越好。当被问到苹果在中国市场的下一步打算时，蒂姆·库克坚定地表示："中国是我们的主要市场。苹果所做的一切，都希望投放到这个市场中。"

打入中国市场，最好的方式是"联姻"

2014年11月17日，苹果宣布APP Store已针对中国大陆用户新增银联支付选项，这意味着银联用户可以在APP Store绑定借记卡或者信用卡以购买APP。此前，苹果用户只能先给账户充值再进行支付购买。

对于这一改进，苹果方面的解释是："中国用户一直期待能够使用银联卡直接购买APP并完成付款。就APP下载量而言，中国已经成为我们的全球第二大市场。现在，我们为用户提供了更为便捷的方式，他们只要轻轻点击一下，即可购买自己喜欢的APP。"

苹果的这一举动确实更符合中国用户的支付习惯，毕竟在很大一部分人群中，信用卡的使用率还不是特别高，APP Store过去在中国只支持通过信用卡和定额充值这两种方式付费购买，导致许多中国用户根本无从消费。但是，对于苹果的这一决定，人们猜测苹果同银联支付建立合作，是为苹果下一步将Apple Pay引入中国打下了良好的基础。大家最关心的是，在银联的支持下，Apple Pay在国内市场能掀起多高的浪涛？许多业内人士不约而同地认为，苹果除了将推动具有移动支付功能的智能手机的快速普及外，与银联的合作还会对电信运营商建立的移动支付体系和支付宝等二维码技术造成威胁，移动支付产业链的主导方有可能出现转移。

在蒂姆·库克领导下的苹果，发生了一个很明显的改变——"我们对合作伙伴更为开放了"。蒂姆·库克曾说："我们总是问，如何让更多的人获得苹果产品？我要说，唯一的方法就是合作。我们想改变人们在企业和商业中的工作方式，我们正在这么做，而且投入了极大的热情。正如我们改变了消费者、学生和老师一样，我们想改变人们的工作。"蒂姆·库克清楚地认识到：要想打入中国市场，最好的方式就是在中国寻找一个好的合作伙伴，与之"联姻"，苹果与银联的合作就是一个例子。

蒂姆·库克对于中国市场的关注，早在乔布斯领导苹果的时代就开始了。2004年，一篇研究苹果经营布局的文章就提到：中国有很多消费者对电子产品表现出了极大的兴趣，而且已经具备了购买电子产品的消费能力。一向擅长规划市场的蒂姆·库克早就已经意识到了这一点，在他看来，要想应对日益激烈的竞争，苹果公司的营销重点必须从美国本土及欧洲国家向其他地区转移，经济实力飞速成长的亚洲地区应该成为苹果公司战略计划的重要组成部分，而潜力巨大的中国市场自然是亚洲地区市场的重中之重。

在这一想法的推动下，蒂姆·库克开始详细地研究和分析中国市场，并惊喜地发现，在中国，电动剃须刀每年的市场销售额高达3亿美元，而且这些电动剃须刀都售价不菲——价格为250～500美元。由此，蒂姆·库克判断当时是进军中国市场的一个绝佳时机，他认为，既然价格昂贵的电动剃须刀都能在中国市场具有如此大的销量，那么风靡欧美的苹果iPod同样也能在中国市场大有作为。

CCID（China Center for Information Industry Development，中国电子信息产业发展研究院）的统计数据显示，2002年中国的MP3销售数量为52.8万部，销售额为6.75亿元。接下来仅2003年上半年，销售数量已经达到53.2万部，销售额为5.79亿元。当时国内随身听市场总量在1600万~2000万部，MP3以每年100%的速度迅速占领这个巨大的市场。在拉斯维加斯2004年国际消费电子展上，来自世界各地的人排队购买iPod的盛况，更是激发了各大MP3厂家、销售巨头的想象力。在当时，MP3作为普及度越来越高的时尚类电子产品，已经成为数码相机、笔记本、手机等流行消费电子产品之后的又一大行业。由此，蒂姆·库克更深刻地感觉到，如果错失这个良机，苹果公司就会失去在中国市场获取丰厚利润的巨大商机。

乔布斯当时并不看好中国市场的发展，但他还是选择相信蒂姆·库克的判断，并给予了有力的支持。蒂姆·库克深知，对于在中国市场没有任何根基的苹果来说，要想打入中国市场，最好的方法就是在中国寻找一个合作伙伴。

很快，蒂姆·库克选定了苹果公司在中国的第一个合作伙伴——佳杰科技。佳杰科技当时在中国有着"中国第二强渠道分销商"的美誉，它很快帮助苹果公司在中国打开了市场。为了进一步扩大iPod的影响力，蒂姆·库克又在2004年3月为苹果公司寻找到了新的代理商——天雄伟业。蒂姆·库克之所以选择天雄伟业，就是因为他看到了天雄伟业的独到之处：天雄伟业和其他的分销商不同，它有自己的店面，能够在最短的时间内于北京、上海、广州等大城市的销售终端展示苹果的产品。蒂姆·库克给天雄伟业的任务是，3个月内让iPod出现在天雄伟业的300家终端店铺中，半年之内扩展到1000家，配合6月迷你iPod上市达到每月销售10000台，2005年进入中国MP3市场销售额和品牌知名度的前三位。然而，天雄伟业并没有达到这一预期目标，于是蒂姆·库克决定让北纬机电、翰林汇、长虹朝华（2011年改名为长虹佳华）、佳杰科技等多家公司来代理iPod。蒂姆·库克曾想在2005年9月将苹果的代理商更换为当时中国国内零售连锁三甲之一的永乐电器，因为永乐电器拥有146家直接面向消费者的门店。不过，永乐电器在2006年与国美电器正式合并，其与苹果的合作也就此作罢。苹果公司在中国的代理商几经更迭，2012年确定为长虹佳华和佳杰科技两家全国总代理。

为了更好地扎根中国市场，蒂姆·库克在挑选优质代理商的同时，也打算寻求软件方面的合作，为此，他将目光投向了当时中国的第二大PC制造商——方正集团。双方经过多番协商，最终在2004年5月19日签署了一份合作协议：自2004年6月起，方正电脑将预装苹果公司的数字音乐播放软件iTunes。iTunes让方正电脑的用户可以轻松地管理他们的音乐曲库、创建播放列表、刻录自定义CD，并将他们的整个音乐曲库传输到iPod中，以便随时随地收听。也就是说，方正公司成了中国第一家为用户提供苹果iTunes产品服务的PC厂商。

在专业人士看来，苹果公司与方正公司的这次合作可谓非常高明。苹果借由此次合作，将iTunes音乐管理集成解决方案软件和iTunes音乐网站结合，从而使得苹果在卖出一部iPod之后，还能获得更多来自于音乐下载收费的收入。

事实确实如蒂姆·库克设想和专业人士评论的那样，苹果从这次合作中获得了巨大的利润。2004年苹果第一季度财报显示，苹果销售的iPod由上年同期的73.3万部增长到了450万部，而iTunes音乐商店、iPod配件和服务则给苹果带来了1.77亿美元的营业额。

某国际数据公司的一位数据分析师对此分析道："与欧美市场不同，众多中国消费者倾向于将自己的便携电子产品当作社会地位的象征。以手机产品为例，中国消费者更换手机的周期比欧美市场快6～12个月，原因是很多中国手机用户希望自己能及时拥有最新款式的产品。从这个角度上说，如果苹果公司的iPod能够进入中国市场的话，它极有可能成为最受欢迎的消费类电子产品之一。"

蒂姆·库克十分赞同这位数据分析师的观点，他相信在未来的十年中，中国市场很有可能发展成全球最大的消费类电子产品市场。他敏锐地感觉到，如果苹果不加快iPod进入中国市场的步伐，无疑是将这大好商机拱手让给竞争对手。一旦竞争对手的产品率先进入中国市场，就会首先建立起较高的知名度和用户忠诚度，并能在今后轻松捍卫自己的市场领先者地位，这当然是蒂姆·库克不愿看到的局面。于是，在蒂姆·库克的安排下，苹果公司很快于2004年7月30日在北京举办了声势浩大的iPod mini新品发布会。同时，蒂姆·库克还加大了iPod在中国市场的广告投放力度，进一步增加iPod的曝光机会。在蒂姆·库克的精心运营下，风靡欧美的iPod在中国也获得了巨大的成功。

iPod的成功证实了中国市场的巨大潜力，因此当2008年iPhone推出后，蒂姆·库克又开始考虑如何将iPhone推向中国。他曾说："终有一天iPhone会进入中国市场，我们在等待时机。"对于iPhone在中国的前景，他抱着十分乐观的态度："苹果公司这款最具有标志性意义的产品就是在中国境内制造的。中国拥有7亿移动电话用户，比美国和欧洲的用户加起来还要多，这里存在着巨大的需求空间。"

蒂姆·库克为iPhone挑选的第一个中国合作伙伴是中国移动。中国移动拥有3.5亿名用户，如果苹果能和中国移动达成合作协议，将为iPhone进入中国市场提供有力的支持。但是，双方的谈判最终失败了，因为苹果提出要与中国移动共同瓜分iPhone数据服务费的20%～30%，而中国移动不同意。

与中国移动的合作失败后，蒂姆·库克很快开始与中国联通谈判，并最终在2009年8月28日达成协议，iPhone 3G和iPhone 3GS于2009年第四季度在中国正式上市。这次合作使得iPhone在中国市场的销量节节攀升。但蒂姆·库克并没有停止进一步开拓市场的步伐，在多番协商后，苹果与中国电信达成了合作协议，中国电信于2011年11月开始销售CDMA版iPhone。这一合作再次扩大了iPhone在中国的销售额。

尽管蒂姆·库克与中国移动的第一次谈判失败，但他从未想过放弃。最终，在一次又一次的协商之后，中国移动于2013年12月23日在官网宣布：中国移动与苹果达成长期合作协议，正式引入支持全球最大移动网络的iPhone，中国移动和苹果将于2014年1月17日分别在中国内地的移动营业厅和苹果零售店正式发售iPhone 5S和iPhone 5C。

啃下中国移动这块"硬骨头"，蒂姆·库克自然高兴极了，他在谈到这次合作时显得非常激动："苹果尊重中国移动，且非常兴奋能够开展合作。中国是苹果重要的市场，与中国移动的合作，让我们有机会将iPhone带给全球最大网络覆盖下的用户。"

聪明人都懂得借势的道理。借势，就是借助他人的力量、金钱、智慧、名望甚至社会关系，扩充自己的大脑，延伸自己的手脚，增强自身的能力，借他人之光照亮自己的前程。如果你想尽快成功，就必须借助于良好的载体，也就是说，你想尽快到达成功的目的地，就必须"借乘"一辆开向成功的快速列车。显然，蒂姆·库克就是一个懂得借势的聪明人。

把iPad mini当作儿童玩具卖，顺利进军教育市场

2010年1月27日，在苹果的新品发布会上，巨大的屏幕上显示出一部iPhone和一台笔记本电脑，中间则是一个大大的问号。乔布斯面对观众，脸上露出故作神秘的微笑："问题是，两者之间还可能存在别的东西吗？它必须可以用来很方便地浏览网页、电子邮件、照片、视频、音乐、游戏和电子书，而上网本无论从哪个角度来讲都乏善可陈！"观众们欢呼起来，因为他们都知道乔布斯马上就要揭晓又一个伟大的产品了。果然，乔布斯很快宣布："但是我们就有这样一个东西，它叫作iPad。"

这场发布会激起了苹果用户前所未有的狂热，自然获得了媒体的极大关注。《经济学人》杂志就将乔布斯登在了封面上，不过，封面上的乔布斯穿着的不仅仅是他那身极富个人特色的黑色高领衫，那件高领衫外还套着一件蓝色的长袍，头顶上是一个耀眼的光环，手上拿着的则是一块被称为"耶稣平板电脑"的iPad。《华尔街日报》也对此表示了赞美："人类上一次对一块平板如此兴奋是因为上面写有'十诫'。"

苹果平板电脑iPad的销售在美国获得了巨大的成功，仅在产品发布的第一天就售出30万台，不到一个月，其销量就达到了100万

台——这是iPhone上市两个月才达到的销量。而到了2011年3月，已经销售了9个月的iPad的销售火爆程度不降反升，其销量达到了1500万台。就连乔布斯都大感意外，对此发出了感叹："人们购买iPad的速度真是太快了！"

此后，苹果公司很快开始了iPad在全球范围内的推广，于是iPad迅速地在澳大利亚、加拿大、法国、德国、意大利、日本、西班牙、瑞士、英国、奥地利、比利时、墨西哥、荷兰、新西兰和新加坡等国家上市。

然而，与在全球各地迅速且不遗余力地攻城略地不同，苹果公司在世界上最大的消费市场中国的布局显得异常缓慢。业内人士普遍认为，最客观的原因就是3C认证的问题，由于迟迟没有获得中国的3C认证，苹果公司无法制定进入中国市场的时间表。

但作为全球最大的消费市场，中国从来都是世界IT巨头的必争之地。三星经济研究院资料显示，中国是全球最大的手机市场、第二大PC市场、第三大消费电子市场。联想集团创始人柳传志就曾说过："中国国内消费的腾飞，将迫使全球科技企业调整各自的研发路线图，以迎合中国消费者的品味。很多跨国企业均认同中国市场的潜力，它们正将更多的资源投向中国。"同时，柳传志表示："我们很幸运，因为苹果CEO史蒂夫·乔布斯的脾气很坏，没把中国市场当回事。如果苹果花在中国消费者身上的功夫与我们一样，那我们就会有麻烦了。"

尽管乔布斯不看好中国市场，但他最得力的助手蒂姆·库克深知中国市场的重要性。在库克的努力下，iPad于2010年9月17日正式登陆中国市场，开始销售Wi-Fi版本的3款产品——16GB机型、32GB机型和64GB机型。2011年5月6日，iPad 2在中国内地正式发售，只比香港晚了一周，而2010年iPad内地发售时间比香港发售时间足足晚了两个月,这证明了苹果公司对中国内地市场日益重视。

苹果公司对于中国市场的态度之所以发生如此转变,最主要的原因是当时苹果季度财报显示,苹果在中国的产品销量增长几乎达到250%。要知道,在整个2010财年,苹果在中国市场的所有收益为30亿美元。到了2011财年第一季度,苹果在中国的单季收入已达26亿美元,是上一年同期的4倍以上。到了2011财年第二季度,该数字更攀升至近50亿美元,占苹果营收的10%左右。这些数字坚定了蒂姆·库克进一步深挖中国市场的决心。

2012年3月8日,苹果公司在美国芳草地艺术中心发布第三代iPad——New iPad(在中国称为"全新iPad")。为了让这款产品进入中国市场,蒂姆·库克费了不少功夫:2012年3月23日,Wi-Fi版New iPad通过3C产品认证;2012年5月30日New iPad获国内电信入网许可;2012年7月3日,广东省高级人民法院宣布,苹果支付6000万美元,就iPad商标案与深圳唯冠科技公司达成和解,为iPad在中国上市扫清最后的障碍;最终,New iPad于2012年7月20日在中国大陆市场上市销售。

2012年10月23日,苹果公司发布了一款新产品——iPad mini。它是iPad系列中首部配置了7.9寸屏幕的体型最轻巧便携的型号,这款产品瞄准的正是中国市场。紧接着在10月24日,苹果公司又发布了一款新产品——iPad 4。2012年12月7日,iPad mini和iPad 4在中国大陆上市。

一些业内人士认为,苹果公司在很短的时间内再推出一款iPad,有贪多求全之嫌,并不符合苹果宁缺毋滥的作风。对此,蒂姆·库克的回答是:iPad mini的定位是"儿童适用",这和iPad 4不存在定位冲突。

蒂姆·库克认为,iPad mini会让用户长期使用:"我们尝试开发这样一款产品：人们在购买这款产品几个月甚至几年后仍然喜爱它，并继续频繁地使用该产品。这是iPad mini致力于实现的目标。苹果不希望人们只是购买一款产品，但在回家后不常使用。我们鼓励人们使用iPad mini。我认为，在这之后，你们不会再用除iPad mini或另一款iPad之外的平板电脑产品。"

在一些人看来，苹果把iPad mini定位成儿童玩具是一项疯狂之举，但事实上，苹果此次的动作并非蒂姆·库克心血来潮，而是他经过仔细调查后制定的"战术"。相关统计数据显示，2012年第二季度iPad在中国平板市场的占有率已经达到了72.6%，而中国国内针对儿童开发的平板电脑中具有品牌号召力的产品还屈指可数，如果苹果以iPad mini进军儿童市场，加上万众瞩目的iPhone 5双管齐下，就能进一步扩大苹果在中国市场的影响力。

此外，苹果公司曾针对消费者的产品购买意向做过一项调查，结果显示，近80%的美国人都不会选择iPad mini，而是更青睐苹果的下一款智能手机产品iPhone 5；与此同时，随着中国广大中小学校对科技设备需求的增长，各大电子终端产品制造厂商纷纷将目光投向了中国的教育市场。因此，尽管iPad mini在美国市场的销售预期不甚乐观，但蒂姆·库克并不气馁，因为他本来的策略就是：用已上市的New iPad主打成人市场，而把即将上市的iPad mini瞄准中国市场，并定位为"儿童适用"。

而正如蒂姆·库克期待的那样：相对于正常尺寸的iPad，中国消费者显然对外形小巧和价格略低的iPad mini更为喜爱，iPad mini再一次引领了中国平板市场销售狂潮。仅仅用了两年时间，iPad就已经在中国平板电脑市场占据了近3/4的份额，蒂姆·库克用实际行动证明了他出色的战略规划能力。

现代管理学之父德鲁克曾说："如果我们一味地预测未来，那只能使我们对目前正在做的事情产生怀疑。战略规划之所以重要，正是因为我们对未来不能做出准确的预测。"

为什么不提倡预测？德鲁克给出了两个理由：其一，未来是不可预测的。看一看当前的报纸，就会发现报纸上所报道的任何事件都不是10年前所能预测到的。其二，预测是试图找出事物发展的最可能途径，或至少是一个概率范围，但企业的发展往往是独特事件，它很可能不在预设的路径或概率范围之内，预测并不能带给企业有益的结论。

因此，战略决策者所面临的问题不是他的组织明天应该做什么，而是："我们今天必须为明天做哪些准备？"问题不是未来将会发生什么，而是："我们如何运用所了解的信息在目前做出一个合理的决策？"战略规划并不涉及未来的决策，所涉及的是目前决策的未来性。

要想深挖中国市场，就要懂得"入乡随俗"

姜文："这是新的iPhone 6。"

姜武："这是新的iPhone 6 Plus。"

姜文："它们是有史以来最大的iPhone。"

姜武："可以说，巨大。"

姜文："尺寸的变大只是开始。"

姜武："怎么说也是大呀！"

姜文："它们能让你看到不一样的世界。"
　　姜武："那是大事儿。"
　　姜文："还能为你的健康着想。"
　　姜武："特大的事！"
　　姜文："它们比以前所有的iPhone都要好。"
　　姜武："大大大大大大大大大——"
　　姜文："哎，停停停，有这么说的吗？"

　　姜文："这是新的iPhone 6。"
　　姜武："这是新的iPhone 6 Plus。"
　　姜文："你知道这个摄像头的新功能吗？"
　　姜武："知道，很厉害！"
　　姜文："它的慢动作视频从来没有这么慢过，从来没有！延时摄影能把小时化成分钟，化成分钟！图像防抖动功能让一切变得流畅，流畅！iPhone的摄像头从来没有这么出色过！"
　　姜武："哎，拍我跑步试试？"
　　姜文："你跑？那不用拍就是慢动作。"

　　姜文："这是新的iPhone 6。"
　　姜武："这是新的iPhone 6 Plus。"
　　姜文："它们有一个叫健康的东西，可以帮你监测很多很多……哎，比如说吧，我今天走了6.2公里。"
　　姜武："我跑了7.5公里。"
　　姜文："我还爬了11层楼呢。"
　　姜武："我喝了杯果汁，有120卡路里。"
　　姜文："我吃了个汉堡包，有1230卡路里。"

第二章
中国是苹果的福地，我将疯狂投资

姜武："这好吗？"

姜文："嗯——可是好吃啊。"

2014年，苹果在中国市场推出iPhone 6和iPhone 6 Plus时，邀请了著名导演及演员姜文、著名演员姜武两兄弟为iPhone 6手机广告配音，姜氏兄弟尽管没在广告中现身，但他们相声般的配音使得这支广告趣味十足，被网友评为"最接地气的广告"。

2014年8月14日，苹果公司推出了iPad的广告片，也是首次以中国乐队——耀乐团为主角的视频广告。这些都表明苹果对中国市场的营销花费了大量的心思。

而从2012年到2014年，短短3年时间，蒂姆·库克就5次来到中国访问，而且中国是他担任苹果CEO后访问的第一个国家，足以证明他对中国市场的重视。

确实，蒂姆·库克在接手苹果公司之后，进一步加快了中国市场的本土化战略部署。在蒂姆·库克看来，"中国市场对苹果的业绩非常关键，我们将大中华区定义为中国内地、香港和台湾，该市场同比增长超过6倍，（2011年）第三财季营收大概是38亿美元。中国为苹果带来的机会非常巨大，我认为我们现在还只触及了该市场的表层"。

2011年11月18日，苹果中国区应用商店更改使用条款，开始接受人民币付款购买应用。也就是说，用户在苹果中国区应用商店购买应用后，可直接使用人民币付款，或对账户以人民币充值，系统支持招行、工行、建行、农行等十多家银行的信用卡。当时苹果中国区应用商店推出的人民币与美元的比率约为6∶1，不按照实时汇率计算，用户可在确认苹果服务条款之后使用人民币购买应用。在此之前，苹果中国区应用商店只支持维萨卡、万事达卡和美国运通卡，用户只能将iTune账号与一张美元信用卡绑定，并以美元购买应用，还款时再折算为人民币。

对中国用户来说，苹果中国区应用商店人民币付款服务的开通，不仅仅是货币运用的改变，更是苹果中国本土化进程的重要一步。而这，仅仅是一个开始。

在2012年6月WDDC上，苹果首次推出了针对中国用户的专享新功能。在iOS 6系统中，苹果公司将中国最热门的移动应用新浪微博预装在iPhone手机中；与优酷土豆（优酷网与土豆网合并为优酷土豆股份有限公司）展开合作，开始支持视频上传服务；iOS 6中的Siri支持中文语音，这对Siri应用在中国市场的发展起到了非常重要的作用。另外，更让广大中国用户感到惊喜的是，在iOS 7 Beta4版本中加入了九宫格输入法，更加贴合中国用户的使用习惯。

2013年，苹果电脑配备的全新Mac操作系统山狮（Mountain Lion），更让中国消费者眼前一亮，因为山狮系统改进了中文输入法，模糊拼音、中英文混合输入让中文输入变得更加容易，使用简体中文的用户还可在词典应用程序中使用《现代汉语规范词典》。在应用方面，该系统内置了百度搜索、新浪微博、网易邮箱、QQ邮箱、优酷、土豆等中国用户熟悉的服务，覆盖了中国用户上网的基本需求。这些从中国用户使用习惯角度出发做出的改变，充分地证明了蒂姆·库克对中国市场的重视和诚意。

推动蒂姆·库克加速中国市场本土化战略部署的根源，还是苹果的财报数据。当时苹果官方公布的数据显示：苹果产品的销量在中国市场迅速增长，2012财年第二季度收益额增加300%。在大中华区，苹果2012年上半年实现了124亿美元的营收，中国成为苹果在美国之外的第二大区域市场，占苹果全球总营收的16%。更让

第二章
中国是苹果的福地，我将疯狂投资

蒂姆·库克吃惊的是，在全球300多家苹果零售店中，北京西单大悦城店的销售额高居榜首。蒂姆·库克本人在参加2012年高盛技术与互联网大会时承认："中国去年为苹果公司贡献了130亿美元收入，Mac销量则同比增长100%。"

然而，尽管中国市场已经占据苹果总营收的近20%，但从整个智能手机终端市场份额来看，苹果正面临着前所未有的竞争压力。艾瑞咨询数据显示，2012年第一季度中国智能手机市场中，三星以22.8%的销售占比排在第一位，华为、酷派、联想、中兴、苹果排在第二阶梯，销售占比分别为11.6%、11.2%、10.8%、9.7%和8.5%，三星和来自中国本地的4家厂商，合力将苹果的iPhone挤到了第六的位置。而苹果在中国智能手机市场中份额的下滑趋势从2011年就开始出现了，2011年第二季度，苹果的市场份额排名第三，2011年第三季度下滑至第四位，占10.4%；2011年第四季度苹果的市场份额从上一季度的10.4%下跌至7.5%，排名第五。

同时，苹果在欧美市场的销售也遇到了一点儿麻烦：以AT&T（即Amencan Telephone&Telegraph，美国电话电报公司）为代表的一些国际运营商由于不堪承受对iPhone的补贴带来的巨大财务压力，已经开始取消该项补贴，这直接导致了iPhone销量的下滑。

正因为如此，蒂姆·库克把亚太地区尤其是中国市场，当作苹果分散营收压力的重要渠道。于是，苹果开始加大在中国市场的营销力度。苹果开始在营销中融合中国传统元素，比如在2013年春节期间，苹果零售店就推出了新春创新活动，苹果在线商店更是推出以红色为主基调的"新年礼品精选"专栏。

2014年，为了刺激中国区APP Store的消费增长，针对中国消费者多使用免费软件的习惯，苹果宣布APP Store支持银联支付，并且推出了"China Only"——1元、3元中国区特供。苹果的此番低价策略确实迅速刺激了消费,一些应用原本每天只有几次下载量,在降价后达到了上千次。苹果APP Store推出的低价特供策略,就是学习中国本土低价商业模式的一次尝试,在刺激用户消费的同时也很好地培养了付费习惯和正版意识。

在蒂姆·库克的带领下,苹果还加大了中国市场的渠道建设,通过渠道下沉覆盖到小城镇甚至是乡村。苹果的线下实体渠道策略为分层覆盖,直营店覆盖重点一线城市,直供店覆盖一、二线主要城市,三线及以下城镇主要通过分销商进行覆盖。

随着中国经济的快速发展,中国在跨国公司全球战略中的地位日益上升。越来越多的跨国公司在华投资,尤其是将生产、销售等产业链环节转移到中国,越来越多的跨国公司要求在华设立地区总部,以实现在华投资的系统化管理,协调在华的产品研发、生产及服务活动,并加强其对周边国家及地区的产业环节管理。

而跨国公司要想在中国市场获得良好的发展,本土化策略是必需的。本土化策略的核心是:企业一切经营活动以消费者为核心,而不是以商家的喜好、习惯为准绳,企业规范必须随地区性变化引起的顾客变化而改变。很显然,蒂姆·库克深谙这一点,而且他在中国市场所做的一切努力都没有白费,苹果公司在2014年第三财季营收为374.32亿美元,比2013年同期的353.23亿美元增长6%;大中华区营收为59.35亿美元,比2013年同期的46.41亿美元增长28%,尽管在营收落后于排名第一的美洲(营收为145.77亿美元)和排名第二的欧洲(营收为80.91亿美元),但增长速度远远大于美洲的1%和欧洲的6%。

对于中国市场,蒂姆·库克信心十足:"中国市场非常庞大,众多的消费者都希望能够买到最棒的产品。我相信苹果在中国一定会发展得很好。只要我们不断地创新,那么在中国一定会发展得很好。"

黑莓中国区总裁谢国睿曾说:"要在中国发展,最好的办法是既保持自己的一些特色,又适当融入本地社会。这个经验,成为我在十几年后加入黑莓公司任中国区总裁后最重要的'指导思想'。"

从1979年开始,中国连续出台了一系列实质性政策法规,明确了中国对外资所持的欢迎态度,从此开启了外资企业在华投资的时代。外资企业从一开始的"照搬照套"到逐渐适应中国市场,在中国经济发展中扮演着越来越重要的角色。可见,企业在扩展海外市场时,只有懂得"入乡随俗",才能获得持久的发展。

入乡随俗,其实就是企业管理上常说的本土化战略。"本土化"的实质是跨国公司将生产、营销、管理、人事等事务全方位融入东道国经济中的过程,一般通过全面调查了解本土的经济、文化、生活习俗等实际情况而进行一系列的融入性调整。这一方面有利于外来跨国公司的产品更好地满足本土消费者的需要,另一方面也节省了国外企业海外派遣人员和跨国经营的高昂费用。与当地社会文化融合,有利于减少当地社会对外来资本的抵触情绪,有利于东道国经济安全、增加就业机会、管理变革、加速与国际接轨。而正是因为蒂姆·库克深知本土化战略的重要性,在产品中不断加入中国特色,苹果产品才能风靡全中国。

第三章

只要产品足够好，用户就会埋单

> 苹果要追求的不是市场份额第一，而是制造用户眼中最好用的产品，一旦做好了产品和服务，金钱和市场地位便水到渠成。
>
> ——蒂姆·库克

我的目标并不是赢得第一，而是制造最好的产品

2013年，蒂姆·库克参加《华尔街日报》旗下著名科技博客网站AllthingD举办的D11科技大会时，曾被美国著名科技评论家沃尔特·莫斯伯格犀利拷问："谈谈安卓吧。苹果是智能手机市场的创新者和开创者，但现在安卓明显做大了。你怎么看？"

蒂姆·库克回答："我对安卓当然有自己的看法。要知道，我们的目标并不是赢得第一，而是制造最好的产品。我们制造了最好的电脑、最好的音乐播放器、最好的平板电脑、最好的手机，而非最多。"

在蒂姆·库克看来，对于苹果公司来说，优胜的含义从来不是制造最"多"的产品，而是制造最"好"的产品。用户使用量最能证明产品的优劣，"如果一款产品没人用，那么它的销量、市场份额还有什么意义？对我们来说，让人们使用我们的产品才是最重要的。我们想丰富人们的生活，如果你的产品整天被人们丢在抽屉里，它是无法丰富人们的生活的"。在北美，iPad占据了平板电脑网络流量的80%，其电商交易量是其他所有安卓设备的两倍。其实iPad的市场份额并非这些设备的两倍，但使用量是后者的两倍，这足以说明，苹果制造了最好的产品。

"我们相信，我们在地球上存在的目的就是创造伟大的产品，这一点不会改变。"苹果创始人乔布斯这样说过。创造伟大的产品，就是苹果存在的意义，这一点从未改变，以后也不会改变。

第三章
只要产品足够好，用户就会埋单

蒂姆·库克永远记得乔布斯的那番话："我们只有一个愿望，就是尽自己最大的努力，尽可能地做出世界上最好的产品。想象一下，如果你是一名木匠，正在打造一个漂亮的衣柜，你绝不会用质量较差的胶合板来做这个柜子的背面，即使那一面永远对着墙，没有人会看到它。所以，即使是柜子的背面，你也要用漂亮的木材制作。哪怕只是为了让自己晚上能睡个好觉，你也要在审美和质量上做到尽善尽美。"

因此，当市场上大屏手机不断涌现，苹果用户也呼吁苹果推出屏幕更大的iPhone时，蒂姆·库克选择了暂时按兵不动。在一次公开活动中，《华尔街日报》记者向蒂姆·库克提出了疑问："消费者想要大屏iPhone，你反对这种观点吗？"蒂姆·库克坦然回应："我一直在说，除非技术已经成熟，否则我们不会跨过那条线。但这并不是说我们永远不会做大屏手机。我们希望能给用户提供最好的东西，不仅仅是大小，还有分辨率、清晰度和可用性。衡量屏幕的标准除了尺寸外，还有很多其他的元素。我们关注所有这些参数，因为显示屏是软件的窗户。"

在大屏手机成为主流趋势的时候，苹果却选择了暂时不推出大屏手机，难道蒂姆·库克一点儿也不担心苹果在智能手机方面的市场份额会下降吗？蒂姆·库克的回答当然是"不"，在他看来，手机市场上有三种手机：功能手机、功能和用途相当于功能手机的智能手机和真正的智能手机，他关心的是最后一种手机的市场份额。蒂姆·库克不在意前二者卖出了多少，在他看来，这两种手机卖得越多反而越好，因为这些购买者都是真正的智能手机的未来用户。而苹果愿意，也有能力把尽可能多的人转变成真正的智能手机的用户。

要知道，在真正的智能手机这一类别，苹果在美国是第一名，在加拿大是第一名，在日本是第一名，在西欧是第二名，在东欧是第二名，如果不算日本的话，苹果在亚洲是第二名。可见，在全球大多数地区，苹果都是数一数二的。在排名第二的地区，苹果想不想成为第一呢？蒂姆·库克的回答很坚定："当然想，这一点请你相信。"但他更坚持一点："如果有什么办法能做到这一点，同时又不会改变我们制造伟大产品这一路线，我们就会这么做。不过，如果是生产垃圾的话，我们是不会这么干的。我们不会把苹果的品牌贴到别人设计的东西上。"

2014年9月10日，苹果用户期待已久的大屏幕iPhone——iPhone 6和iPhone 6 Plus终于面世，这两款大屏智能手机在全球上市的首日，预订量就达到400多万部，远远超出了苹果公司的预期。

为何这么晚才推出大屏幕iPhone？面对苹果粉丝的质问，蒂姆·库克坦然回答道："苹果希望在手机的方方面面都有提升，比如屏幕的对比度、亮度、可靠性、色彩。最后，我们选择推出配置了Retina显示屏的iPhone 6和iPhone 6 Plus。在产品技术方面，苹果的策略不是做最早的厂家，而是做最好的厂家。只有把产品做到最好了，我们才会将产品推向市场。"

要知道，为了确保iPhone 6是市场上最好的手机，苹果设计师乔纳森的团队最初设计了很多机型，从4.5英寸到6英寸，可以摆长长的一桌，硬件和软件团队还会一起分析外观和手感，尤其关注了单手操作的问题。最后，大家从20多款机型中选出了面世的两种尺寸。

然而，很多人觉得iPhone 6缺乏创新，认为没有了乔布斯的苹果，已经摘下了神奇的光环，成了一家普通的科技公司。面对这些质疑，蒂姆·库克表现得很坦然："苹果更加关注的是怎样做出一部最好的手机，怎么将科技完美地融入到这个最具魅力的小小装备里，而不是第一时间将业界最新出现的功能堆砌进去。我们必须做

第三章 只要产品足够好，用户就会埋单

到至臻至善，而不是让产品成为一张功能清单。"而一些评论家也认同蒂姆·库克的这一说法，他们认为iPhone如今不再像最初那样震撼人心，这只能说明智能手机发展到现在，其创新越来越依靠资源的整合，而不是简单地增加几个新功能。而在资源整合这方面，苹果排名第一这点毋庸置疑。

要做就做到最好，苹果的成功得益于此。这一策略在恒大集团董事局主席许家印身上也得到了印证，他讲到恒大足球队的建设时曾说："我这个人要强，该我做的事我会做好，没做好是一回事，但做好了就要有体现。其实从接手足球那天我就知道，要把足球搞好没有那么容易，而且真的烧钱。我也实话告诉你们，我们接手5个月已经花了过亿，但是今年下半年和明年我还准备再拿资金出来，大力支持，持续打造豪门劲旅。还是那句话，要么就不做，要做就一定要做好。"

"要么就不做，要做就一定要做好"，对于恒大原有的房地产业务，许家印也秉持着同样的理念。为了做到最好，许家印给恒大定下了必须实现规模、团队和品牌三个"一流"的目标。一流的规模是指要拥有最多数量的土地，规模化的运转方式能够保证成本最低；而人是所有工作的主导，只有一流的人才和团队才能够保证一流的产出；所谓一流的品牌就是许家印提出的精品战略路线，只有高质量的商品才能够树立越来越强大的企业形象，这与许家印创业之初提出的"质量树品牌"是一致的。保证一流，保证做到最好，才能给公司带来最大的收益。最终，许家印带领恒大集团走向了"2012中国大陆在港上市房地产公司综合实力第一名"的辉煌。

企业只有把产品做到最好，才能获得消费者的认可，才能占领市场；只有拥有了消费者，才能拥有长久的生命力。正如蒂姆·库克所说："一旦做好了产品和服务，金钱和市场地位便水到渠成。"

专注于能做到最好的那些事，并且做到最好

众所周知，"苹果教父"乔布斯身上有一个很大的优点，就是他知道如何做到专注。乔布斯回归苹果后，就是基于专注原则制订出了"我们的工作就是做4个伟大的产品"的计划，从而得以迅速扭转败局，生产出Mac、iPod、iPhone、iPad这些伟大的产品，让苹果重新走向辉煌。

蒂姆·库克也是一个十分推崇专注原则的人，当初他之所以选择从世界第一的电脑企业康柏跳槽到岌岌可危的苹果，就是因为乔布斯的专注打动了他。蒂姆·库克回忆说："1998年年初的时候，乔布斯和我说了一下他的愿景，跟我提了一个产品，他说要把所有的精力和能量放到制造这款产品上。而当时的趋势是大家都把精力放在服务器和存储上，我一听他这么说，就觉得这是一个非常了不起、非常聪明的想法，因为我也不喜欢随波逐流，而且乔布斯的专注性打动了我，所以选择跟他一起做。那时候的趋势是服务器、存储，但是乔布斯很注重消费品、消费者。"

或许，在那一刻，蒂姆·库克血液中的"专注"因子被乔布斯打动了。因为在了解蒂姆·库克的人看来，他一直都是一个十分专注的人。奥本大学工业工程名誉教授萨义德·马苏德鲁就曾评价蒂姆·库克说："他非常谦虚，非常专注……总是安静地学习。"

从乔布斯手中接过苹果的权杖之后，蒂姆·库克更是时刻铭记"专注"原则，他说："公司的DNA，即我们最关注的事情，就是生产全世界最好的产品。我们说的不是好产品，也不是很多的产

品，而是全世界最好的产品。我们必须确保公司保持专注，像激光一样专注。我们只能在一段时间内做到最好，只能在部分产品上做到最好。"

当蒂姆·库克从幕后走到台前，"专注"这个词也开始频繁地出现在他的口中。似乎关于苹果的每一个问题，他都可以用"专注"来回答。

2012年12月6日，蒂姆·库克做客NBC（National Broadcasting Company，美国全国广播公司）电视台主持人布莱恩·威廉姆森主持的电视节目时，主持人布莱恩曾问道："听说你和我在相似环境中长大，都是那种简单且平常的美国中产阶级家庭。我们小时候都去邻居家看过他们的新索尼电视，非常漂亮。索尼的品牌历史很悠久，产生了Walkman（个人随身音乐播放器）和Discman（光碟随声听）这样的产品。但是在今天，它们不再那么意义非凡了。索尼产品给了你那么多记忆，你为什么没有去索尼工作呢？"

蒂姆·库克的回答就可总结为一个词——专注，他说："我们都是很简单的苹果人。我们把精力集中在为世界创造最好的产品，丰富人们的生活上。我相信很多公司，甚至你提到的索尼公司，都认为自己可以做一切事情。但在苹果，我们很专一。我们知道，我们在短时间内只能做好一些产品，而不是所有产品。"

有人就苹果的产品数量询问蒂姆·库克："以苹果的规模，它的产品数量实在是非常少。为什么？"

蒂姆·库克的回答仍体现了这个词——专注，他说："我们的产品不多，你几乎可以把我们（制造的）每种产品都放到这张桌子上来。如果你要仔细点儿算的话，我们拥有4种iPod产品、两种主要的iPhone产品、两种iPad产品，还有一些Mac，就这些。对于我们要做些什么的问题，我们会像疯了一样去争论，因为我们知道自己只能把有限的事情做好。也就是说，不要做太多的产品，那样才能真正做好，真正做到有趣。"

还有人就苹果的技术问蒂姆·库克："现在有很多的技术，比如NFC、无线充电，这些技术都可能会成为未来的趋势。苹果一直是一个强调技术上的领先性和前瞻性的公司，在这种竞争环境下如何保持自己的先进性和超前性？"

对此，库克的回答还是离不开"专注"的主题，他说："对于技术来说，我们会不断比较不同技术成功的可能性和成熟度。我们会选择一项最好的技术，花所有的精力去把它做精、做好，而不是选很多项技术，平均地分配精力——这样可能会花很多的时间，而且对于消费者来说也不能达到最令他们满意的效果。比如，几年前我们认为在苹果的产品上面，可能最需要控制住的一项技术就是它的芯片，因为它是整个机器的核心和引擎。所以，我们有一个很强大的核心芯片团队来给消费者制造最棒的芯片，这在我们看来是最核心的技术。这是一个例子，就是我们会专注一项最核心的、最好的技术，然后把它做精、做好。"

"如果人人都忙着做所有的事情，那怎么可能做出完美的产品呢？"在蒂姆·库克看来，专注于能做到最好的那些事，并且做到最好，这就是苹果能够持续创新、持续辉煌的最根本原因，而他也将继续坚持"专注"，带领苹果走向更大的辉煌。

专注，作为一种自觉、主动的生活和工作态度，呈现的是为人的用心和责任意识。20世纪90年代，互联网大潮席卷全球，人们争先恐后地创立自己的互联网公司，唯恐赶不上这一场百年不遇的"淘金"机遇。但是，短短几年之后，大浪淘沙，幸存者所剩无几。失败的原因之一就在于这些人对待工作不够专注。

歌德曾这样劝告他的学生："一个人不能骑两匹马，骑上这匹，就要丢掉那匹，聪明人会把凡是分散精力的要求置之度外，只专心致志地去学一门，学一门就要把它学好。"

著名企业家冯仑也曾说过："想在人生的路上投资并有所收益，有所回报，第一件事就是必须在一个方向上不断积累，连续的正向积累比什么都重要。"

每个人的精力都是有限的，要做好手头的工作，我们就应该努力专注于当前正在处理的事情，如果注意力分散，工作效率就会大打折扣。因此，即使事情再多，也要全神贯注于一件正在做的事情，集中精力处理完毕后，再把注意力转向其他事情，着手解决下一个问题。实际上，当我们集中精力，专注于一项任务或者是一个产品时，我们就会发现自己获益匪浅——工作压力会减轻，做事不再毛毛躁躁，也更容易获得成功。

专注更能为企业带来不可估量的收益，这种收益源自客户的信赖及品牌在客户心智中打下的烙印。专注可以使企业的每一次行动、每一个行为（无论成功或失败）都成为一种资源，一种对未来发展有益的资源。可见，无论是对于一个人还是一家企业，想要获得成功，专注都是必需的生存法则。

如果一家公司担心自家产品互相蚕食，就将开始走向灭亡

2014年10月21日，苹果公司发布了2014财年第四季度业绩。报告显示，苹果公司第四季度营收为421.23亿美元，比2013年同期

的374.72亿美元增长12%；净利润为84.67亿美元，比2013年同期的75.12亿美元增长13%。

在产品销量方面，苹果公司第四季度共售出552万台Mac，比2013年同期的457.4万台增长21%；共售出3927.2万部iPhone，比2013年同期的3379.7万部增长16%；共售出1231.6万部iPad，比2013年同期的1407.9万部下滑13%；共售出264.1万部iPod，比2013年同期的349.8万部下滑24%。

在产品具体营收方面，苹果公司第四季度来自Mac的营收为66.25亿美元，比2013年同期的56.24亿美元增长18%；来自iPod的营收为4.10亿美元，比2013年同期的5.73亿美元下滑28%；来自iPhone的营收为236.78亿美元，比2013年同期的195.10亿美元增长21%；来自iPad的营收为53.16亿美元，比2013年同期的61.86亿美元下滑14%；来自外设的营收为14.86亿美元，比2013年同期的13.19亿美元增长13%；来自iTunes、软件及服务的营收为46.08亿美元，比2013年同期的42.60亿美元增长8%。

可见，在2014财年第四季度，iPhone为苹果贡献了过半的营收，而iPad却出现了连续三个财季销量同比下滑的情况。对此，有分析师认为，iPad销量之所以连续下滑，主要是因为大屏iPhone的出现带来了较大的冲击，苹果产品"自相残杀"，仅具有娱乐功能的iPad逐渐被消费者抛弃。

身为苹果公司CEO，蒂姆·库克很清楚地认识到了iPad销量的下滑，但他并不认为这是一个大问题，不过是一个减速问题而已，一如他在接受采访时所说："我们对iPad过去4年的成绩感到非常满意。我将近期的销量下滑称为减速带。每个产品类别都会遇到这种情况。"

为了扭转这种趋势，苹果公司发布了iPad Air 2和iPad mini 3两款设备,并新加入了Touch ID指纹识别功能,共有金色、黑色、银色3种外观,并升级了硬件配置,希望借此重新拉回消费者的注意力。但是行业分析师普遍预期,这样的功能更新恐怕无法转变iPad出货量下滑的趋势。

其实,这并不是苹果公司的产品第一次出现"自相残杀"的局面。早在iPad销量崛起的时候,蒂姆·库克就已经清醒地认识到iPad在以很快的速度蚕食PC市场。一位记者就这个问题对他发问:"我们希望知道平板是以怎样的速度蚕食PC市场的。作为一家提供通用计算机和iPad的公司的CEO,您有什么看法?"蒂姆·库克坦然承认:"iPad已经蚕食了部分Mac销量。**对于蚕食,我们宁愿自家的产品互相蚕食,也不希望是别人的产品蚕食了我们的产品。我们不想阻碍我们的团队去完成伟大的事情,即使这会使其他产品领域的销量受到影响。我们希望顾客满意,希望他们购买苹果产品。**

"我不会预言PC的消亡,我不同意这个说法。就我们目前所看到的形势,我认为iPad确实在蚕食Mac以及PC的销量,而且PC受到的影响远大于Mac受到的影响。但这对于我们来说是有好处的。平板一般都会蚕食PC市场。我认为,在很大程度上,蚕食的作用在于当你和别人竞争时,它会促使你将自己的信息尖锐化,告诉他们你是谁。

"互相蚕食对于PC行业来说是有好处的,因为竞争对手强劲,平板就会疯狂创新,顾客才能够决定购买哪一款。PC行业很强,但是平板行业会更强。"

可见,在蒂姆·库克看来,平板业务规模超过PC是必然的趋势,但他相信还是有很多消费者购买PC,因此苹果不会放弃Mac。尽管很多厂商已经放弃了PC业务,但苹果仍有一批优秀的人才在为之努力,并为大家带来非常出色的产品。对此,蒂姆·库克给出的理由是："因为我们相信，虽然消费者正在疏远PC，但当他们想买一台PC的时候，会首先想到Mac。"事实也正如蒂姆·库克所料，苹果公司2014财年第四季度业绩显示，该季度Mac的营收比2013年同期的56.24亿美元增长18%。

而当iPad mini推出后，业界也普遍认为这会蚕食iPad的市场份额。当蒂姆·库克在2013年2月出席高盛技术与互联网大会并发表演讲时，就有人表达了这样的疑惑："关于iPad mini及其对利润率的影响，这是不是追求份额的代价？"

蒂姆·库克这次的回答更显自信："我第一次被问到产品之间互相蚕食的问题，是关于Mac。还有一些人担心，iPad蚕食了Mac电脑的销量。然而，即使我们不'蚕食'，其他人也会。放眼Windows电脑市场，iPad还有巨大的市场空间。如果一家公司担心自家的产品互相蚕食，那么就将开始走向灭亡。"

现代管理学之父德鲁克曾经说过："我们主动淘汰自己的产品、流程或服务，是防止竞争对手淘汰我们的唯一方法。"

华为创始人任正非也曾说过："我希望大家不要做昙花一现的英雄。华为公司确实取得了一些成就，但当我们想躲在这个成就上睡一觉时，英雄之花就凋谢了，凋谢的花能否再开，那是很成问题的。在信息产业中，一旦落后，就很难追上了。"

很多企业都像温水中的青蛙一样，有一种拒绝变革、拒绝创新的惰性。但无论是否喜欢，我们的确无法避免地生活在一个不断创新的时代，创新绝不仅仅意味着新事物的出现，更意味着可能仍然"健康"的旧事物的"猝死"。这就意味着，企业发展要考虑的中心环节，已经不是"苦练内功"，而是外部市场的创造性破坏。如果企业自身的"变形"速度追不上外部市场的创造性破坏速度，那么无论企业经营状况如何，都已经变成了温水中的青蛙。如果企业不肯推出更具创新性的产品取代自己原先的产品，别的企业就会取代你。所以比尔·盖茨说："我们不能满足于现在的产品，我们要不断自我更新。必须明确的是，本公司的产品是由我们自己来取代，而不是被别人所取代。"

在今日风云变幻的商海中，企业一时的成功不代表可以一劳永逸。几年甚至几十年过去后，一些企业会从人们的视线中消失，另一些新的企业又会出现，这就是市场竞争中残酷的优胜劣汰法则。企业要在竞争中成为胜利者，唯一的办法就是不断改革、不断创新，以主动自我淘汰来保持市场竞争力。

第四章

要想把工作做好,唯一的方法就是合作

唯一可以达成目标的方法,就是让所有人展开合作。不仅要好好合作,还要充分融合,以至于无法区分某个人正在从事什么工作,因为他们都无比专注于良好的体验,甚至已经不再以职能的视角看待事情。

——蒂姆·库克

如何更上一层楼？只能依靠一流的协作

2011年8月24日，病重的乔布斯在苹果公司董事会的例会上，郑重建议由蒂姆·库克接替他成为苹果公司新一任CEO，自此，蒂姆·库克真正挑起了苹果公司这副重担。其实，早在蒂姆·库克担任代理CEO的时候，就发现苹果的管理架构其实存在一个很大的问题，那就是苹果划分为若干专业部门，分别从事硬件设计、软件设计、营销和财务工作，各部门所有的工作均独自完成，相互之间很少共享信息，这是因为所有的愿景都由乔布斯清晰地规划出来，他们根本不需要共享信息。这是典型的乔布斯式管理框架。当然，更重要的是，乔布斯自身拥有强大的"现实扭曲力场"，总是能够威慑对方，从而让一切都按照他的意愿行事。

大多数评论家都认为，在乔布斯去世后，如果没有一个强有力的领导协调整个公司的步调，恐怕苹果这家结构如此松散的公司能否继续生存下去，都要打上一个大大的问号。事实也确实如评论家所料，在蒂姆·库克掌权的最初几个月里，因为没有人拥有绝对的权力来制定重大决策，苹果公司内部的各个团队都在明争暗斗地夺取地盘。出现这种局面，既与乔布斯遗留下来的管理模式有关，也与蒂姆·库克本身的威慑力不足有关。蒂姆·库克没有乔布斯那种强大的"现实扭曲力场"，他为人谦和，说话声音低沉缓慢，因为操着一口美国南方口音，因此总是给人留下从容、沉着的"南方绅士"印象。在大多数人心目中，"绅士"往往是通情达理、好说话

第四章
要想把工作做好，唯一的方法就是合作

的代名词，因此，在蒂姆·库克刚开始管理苹果的时候，难免会出现一些质疑的声音和不服从管理的行为。

对于质疑的声音，蒂姆·库克相信时间能证明一切，但对于苹果内部的一些员工不服从管理的不合作行为，蒂姆·库克选择了零容忍。蒂姆·库克坚持认为，企业内部合作，不该仅仅视为一种美德，而应该是"一个战略级的命令"。

2012年10月25日，蒂姆·库克突然宣布解雇斯科特·福斯托尔，这个决定让所有人都感到无比意外。斯科特·福斯托尔是乔布斯生前最得力的干将之一，他在软件设计方面才华横溢，对互联网发展也具有独到眼光，苹果能在移动领域取得巨大成功，与iOS操作系统的这位王牌软件设计师有莫大关系，甚至他还一度被传是苹果CEO的接班人。然而，在乔布斯离世以后的几个月里，斯科特不仅在苹果内部制造分裂气氛，他所负责的苹果地图和Siri语音助理服务也表现糟糕。苹果iOS 6的地图应用，被认为是斯科特离开苹果的导火索。根据《华尔街日报》报道，由于iOS 6的地图应用广受诟病，苹果应向消费者发送道歉信，但斯科特拒绝在道歉信上签署自己的名字。

对于解雇斯科特·福斯托尔的原因，蒂姆·库克当时并没有说明，但在2012年11月接受《商业周刊》专访时，面对记者的提问，他给出了一些解释：

"这项变动的关键是，我深信，协作对于创新至关重要。这一点并不是我刚刚才意识到，我一直这样认为。这也是苹果一直以来的核心信念，史蒂夫·乔布斯对此也是深信不疑。

"因此，这些调整不是从不协作到协作的问题。在苹果，协作的水平已经很高，问题的关键是如何将协作提升到更高级别。我们的伟大产品有很多，其他企业也有一些很好的产品，但有一件

事我认为是其他企业比不了的，那就是硬件、软件和服务的整合程度。消费者在意的就是由此产生的非凡的产品体验。

"如何继续保持协作传统，并将其发扬光大，达到一个新级别呢？在协作方面必须做到最好，而高层调整就是为了帮助我们达到一个全新的协作水平。"

可见，解雇斯科特·福斯托尔的决定，是蒂姆·库克深思熟虑得出的，他早就想好了妥善的后备方案，才能大胆宣布这个决定。蒂姆·库克挑选来接替斯科特·福斯托尔的人是乔纳森·艾维、鲍勃·曼斯菲尔德、艾迪·库伊以及克雷格·费德里吉。

蒂姆·库克不只让乔纳森·艾维继续担任苹果工业设计部门负责人，还让他负责整个公司的人机交互（Human Interface）业务。在蒂姆·库克看来，乔纳森有着惊人的审美能力以及最出色的设计技巧，过去十多年中，他在苹果产品的外观上做出了巨大的贡献。要知道，苹果产品的大量外观设计，与其软件是息息相关的，而乔纳森在领导硬件设计方面已经取得了非凡的成就，如果他再负责苹果的软件设计，凭借他出色的能力，一定能够进一步拉开苹果与竞争对手之间的距离。

蒂姆·库克说服了想要离开苹果的负责技术的高级副总裁鲍勃·曼斯菲尔德，让他留下来负责与芯片技术相关的业务以及所有无线业务。对此，蒂姆·库克的解释是："我们发展得很快，拥有不同的无线部门，拥有许多很酷的想法，还有一些远大的计划，这一切都由曼斯菲尔德负责。除了他，已经没有更出色的工程经理了。"

将苹果的在线服务整合成一个部门，并由艾迪·库伊额外负责Siri语音助理和地图服务的相关研发工作，也是蒂姆·库克深思熟虑后做出的决定。在蒂姆·库克看来，库伊和他的团队此前已成功打造了iTunes音乐服务、APP Store应用商店、iBook Store电子书商

第四章
要想把工作做好,唯一的方法就是合作

店以及iCloud服务等产品和服务,所以这个团队有足够的能力继续加强苹果的在线服务,以满足苹果用户的更高需求。

蒂姆·库克选择让才华洋溢的软件工程高级副总裁克雷格·费德里吉负责iOS和MacOS两个部门的研发工作。众所周知,iPhone和iPad所使用的操作系统不可能与Mac计算机的操作系统相同,但蒂姆·库克深知,iOS和MacOS建立在同一基础之上。在他看来,苹果拥有世界上性能最好的移动和台式机操作系统,将这两个操作系统的研发工作合并,将使苹果更容易在这两个平台上应用最新的技术,从而提供更好的用户体验。克雷格·费德里吉经常管理这些共同的元素,因此这是一个很自然的延伸:让iOS和MacOS不同,但又能够无缝协同。

在蒂姆·库克看来,他所做的这一切,都是为了打破隔阂,消除内耗,加强整个公司的执行力。正如他自己所说的那样:"**我们擅长很多事情,但唯有一件事是其他人都做不到的,那就是整合硬件、软件、服务,使大多数用户感觉不到差异。在这种情况下,我们如何更上一层楼?只能依靠一流的协作。**"乔纳森·艾维负责硬件和软件的外观设计,鲍勃·曼斯菲尔德负责无线和芯片技术,而克雷格·费德里吉负责iOS和MacOS团队,彼此之间实现无缝合作。正是蒂姆·库克的这些调整,让苹果的协同水平进入一个完全不同的境界。

蒂姆·库克希望设计苹果产品的想法来自苹果的全体员工,而不是5个人或3个人。他说:"设计的方向必须由很少的人来做出决定,但我希望想法来自于四面八方,我想要人们去探索。"

经蒂姆·库克调整后的苹果公司,每个周一的早上9点都会召开一次高管团队会议,所有高管都会准时出席。会议通常会持续4个小时,大家就公司里所有重要的事情展开讨论,包括每一种产品

的发货及其表现，产品线路图上每一种新产品的进展，团队表现以及其他任何重要的事情。大家也可能就当前存在的问题和未来的路线图进行争论。每个周三，蒂姆·库克都会与某个产品部门召开会议，这种会议同样也会持续几个小时。比如，这个周三他与Mac部门开会讨论了新系统的细节优化等，在下一个周三，他就会花几个小时与iPhone部门开会，如此周而复始。

蒂姆·库克提出的合作战略的成果显而易见，比如iPhone 6、iOS 8和MacOS X系统，现在都内置了一个被称作"Continuity"的跨系统功能。有了它，用户可以首先在Mac上撰写一封电子邮件，或启动其他任务，然后在iPhone上继续同样的工作，甚至可以进一步转移到iPad或Apple Watch上。Apple Pay的诞生也是蒂姆·库克重视"硬件+软件+服务"战略的成果。有了Apple Pay，用户只要在iPhone上通过Touch ID指纹识别功能扫描指纹作为"电子签名"，支付时将手机对准POS机，接到支付信息后，就可以直接用指纹确认付款，甚至无须打开手机或应用程序。这样的用户体验在蒂姆·库克进行"合作"调整前的苹果，恐怕是无法想象的。

许多人把合作当成一种美德，但蒂姆·库克坚持认为，合作更是一项必要的战略。对于一家公司的CEO来说，使成千上万员工的步调协调一致是至关重要的，这样才能消除不同业务部门之间的界限。而要想达成这一目标，唯一的办法就是让所有人都展开合作，不仅要好好合作，还要充分融合，以至于无法区分某个人正在从事什么工作，因为他们都无比专注于良好的体验，甚至已经不再以职能的视角看待事情。

众所周知，大雁南飞时成群结队地以"人"字形飞行，如果领头的大雁累了就会换另一只大雁领飞。为首的大雁在前头开路，能帮助其左右的雁群形成局部的真空，让它们的飞行更为省力。科学家曾在风洞实验中发现，成群的大雁以"人"字形飞行时，比一只雁单独飞行能多飞12%的距离。

人类亦如此，只有懂得合作，才能"飞"得更高、更快、更远。在专业分工越来越细、市场竞争越来越激烈的前提下，单打独斗的时代已经过去，合作变得越来越重要，因为合作可以产生"1+1＞2"的效果。

寻找不同的人才，是引进经验、技术和新观点的好方法

2013年6月，蒂姆·库克接受母校杜克大学邀请，参加杜克大学福库商学院举办的主题为"和真正的商业领袖近距离对话"的座谈会，会上有人向他提问："就促进有效合作而言，你所需要的人才应具备什么素质？作为公司CEO，在强化这种公司合作精神方面，你充当什么角色？"

蒂姆·库克回答说："你应该找不搞办公室政治的人，没有官僚作风的人，不在乎谁获得荣誉的人，能够私底下庆祝团队所获成就而不在乎自己的名字是不是闪耀在聚光灯下的人。要知道，这些人有更伟大的理由去做事。你应该找绝顶聪明的人，应该找重视各种不同观点的人，应该找足够关心工作的人，这样的人就算是在晚上11点想到好点子，也会打电话和你进行讨论，因为他们对于每一个好点子都感到非常激动，希望能够推动这个点子的实施，而且他们相信有人能够帮助他们推动这个点子，而不是什么事情都由他

们自己来做。要知道，我从没见过什么事都能全部办好的人，也许这样的人是存在的，但至少我到目前为止从没见过。苹果如此独特的原因就在于，我们着眼于硬件、软件和服务，只有当这三个方面结合起来，奇迹才会出现。因此，在我们这家足迹遍布全球的公司里，几乎不太可能有某个只擅长其中一件事的人能够让奇迹发生。我们必须促成人与人之间的合作，只有这样才能制造出其他方式所不可能制造出的东西。我们必须让人们相信这一点。"

蒂姆·库克的这段话简单一点儿说就是：苹果要找的人才必须是懂得合作、善于合作的绝顶聪明的人。同时，蒂姆·库克认为，苹果合作战略的最根本前提是寻找不同的人才，因为这是苹果引进经验、技术和新观点的最好办法。

接手苹果以来，蒂姆·库克一直在大张旗鼓地为苹果广纳贤才。他为苹果招徕了不少引领潮流风尚的成功人士，比如，瑞士制表名家豪雅手表全球零售主管帕特里克·普朗尼奥克斯、时装品牌伊夫·圣罗兰的前CEO保罗·德罗夫，以及巴宝莉的前CEO安吉拉·阿伦茨。

许多人认为，蒂姆·库克此时广招志士，不过是要寻找那些懂得如何通过销售手表获得丰厚回报的人才，其实不止如此。蒂姆·库克希望通过此举让苹果公司内部产生一些不同类型的观点，让苹果公司更加多样化。2014年夏季加入苹果董事会的大股东——贝莱德资产管理公司的创始合伙人苏珊·瓦格纳对于蒂姆·库克的真实意图十分清楚："库克非常专注于寻找类型多样的人才，这并不是为了简单地实现员工的多样性，而是一种引进经验、技术和新观点的方法。"

智能手机的流行以及应用商店所形成的交易市场，为许多新生代软件开发者提供了巨大的成长机会。自2008年建立旗下应用商店

第四章
要想把工作做好，唯一的方法就是合作

以来，苹果已向开发者支付200亿美元，而在2013年这一年里，苹果就向开发者支付了大约100亿美元，苹果最大的竞争对手谷歌也在这一年向应用开发者支付了50亿美元，因此"软件神童"也成了蒂姆·库克极力招纳的对象。

为了招纳"软件神童"，蒂姆·库克在2012年将参加WWDC的人员年龄从18岁降低至13岁，并且让获得奖学金的年轻人免交1600美元的注册费。在2014年的WWDC上，苹果更是发布了新程序语言Swift，大大简化了应用开发过程，此举就是为了吸引更多的"软件神童"。

2014年，一位年仅14岁的纽约少年格兰特·古德曼成为苹果奖学金获得者，他也是蒂姆·库克极力要招纳的"软件神童"之一。

尽管格兰特·古德曼在2014年9月才成为一名高中新生，但他已经在APP Store发布了两款应用。2013年，苹果从iPhone移除预装的Youtube视频播放应用程序时，古德曼就觉得他的机会来了。他很快开发了一款不带广告的视频应用Prodigus，这款应用能够流畅而快速地播放网络视频，一经发布就大受好评。

古德曼不只为苹果开发应用，他也为苹果的竞争对手谷歌开发应用。他已经为谷歌眼镜开发了一款应用，能够显示其剩余电量。不过古德曼表示，他还是更愿意为苹果的iOS设备开发应用，因为他对其所强调的"简洁"着迷。

在2014年的WWDC上，蒂姆·库克曾宣布要对APP Store进行"重整"。APP Store在2014年会随着iOS 8的发布迎来一次重大改版，而一些非常实用的新功能将会在未来的APP Store当中出现，比如强化应用发现性能、应用捆绑打折、内置测试功能等。如何进行"重整"呢？蒂姆·库克认为，进行"重整"的最好方法就是招聘不同类型的人才。于是，苹果开始在官网上发布多起招聘信息，

寻找有经验、有独到见解、有能力的广告策划人才和数字市场管理人才，为打造崭新的APP Store出谋划策。而2014年的APP Store确实有了很大的改进，比如开始大力整顿APP Store排行榜，采用人工删除的方式清除刷榜和虚假评论，以还原一个公平、有活力的APP Store；开始在APP Store推荐一些受欢迎的应用，发布"编辑选荐""最佳应用专题""特色专题"等；在iOS 8中添加了"家庭共享"功能，允许家庭成员共享已购买的应用……可见，蒂姆·库克确实寻找到了多样化的人才，从而为苹果公司引进了许多经验、技术和新观点，广大苹果用户也得以在APP Store中获得更优质的体验。

"现代管理学之父"德鲁克认为，人才作为企业最重要的一种资源，决定着企业的核心竞争力。能否招募到合适的高级人才往往决定着企业市场竞争力的大小。所以，企业要不惜一切代价网罗人才，并把人才分配到能产生最大效益的位置上，让最优秀的人才为其所用。

苹果的人才招纳计划并非无本之木。为使最优秀的人才为其所用，在苹果产生最大的产品效应，乔布斯和其他苹果高层管理人员早在2008年就创办了苹果大学，它是培养苹果中层员工和管理人员的培训机构。为了保持苹果文化的活力，乔布斯还特别聘请曾任耶鲁大学商学院院长的乔尔·波多尔尼担任第一任苹果大学校长。苹果公司鼓励员工积极参与到这一项目中，希望员工通过苹果大学更清晰地了解苹果的企业文化与运作模式，并获得一些专业指导。为了保证课程质量，苹果公司管理层亲力亲为地运作苹果大学，还从不少知名的商学院聘请教授来开发课程。但由于苹果公司的保密要求，苹果员工对苹果大学一直是三缄其口，因此外界很难对苹果大学有深入的了解。

第四章
要想把工作做好,唯一的方法就是合作

蒂姆·库克接手苹果公司后,为了给苹果公司储备更多的人才,决定进一步发挥苹果大学的作用。2014年10月,他在对中国区零售业务部门高管召开的一次会议上,首次透露准备将苹果大学扩展至海外,而中国将成为其海外分校的首个试点。蒂姆·库克解释,在中国建立苹果大学的目的是培养不断增长的苹果中国员工和经理,让他们了解苹果是一家"向前看的组织,不会回头看",他不希望苹果的美国员工和中国员工之间存在太大的鸿沟。在中国开设苹果大学,储备更多中国本土人才,不仅能帮助苹果在销售和运营之外更多地融入中国市场,同时也意味着苹果的全球性影响力将会更进一步。这可真是蒂姆·库克的一着妙棋。

恩格斯曾讲过一个关于法国骑兵与马木留克骑兵作战的寓言:

骑术不精但纪律性很强的法国兵与善于格斗但纪律涣散的马木留克兵作战,若分散而战,三个法国骑兵战不过两个马木留克骑兵;若百人相对,则势均力敌;而1000名法国骑兵必能击败1500名马木留克骑兵。原因在于,法国骑兵在大规模协同作战时,发挥了协调作战的整体功能,说明系统的要素和结构状况对系统的整体功能起着决定性作用。

这个寓言说明,领导者对于人才使用,要争取做到整个队伍的构成呈优化组合状态。所谓优化,绝不是最优秀人才的聚集,而是各类专门人才的汇总。通常来说,一个团队中要有这样一些人才:高瞻远瞩、多谋善断、具有组织和领导才能的指挥型人才,善解人意、忠诚积极、埋头苦干的执行型人才,公道正派、铁面无私、心系群众的监督型人才,思想活跃、知识广博、善于分析的参谋型人才……如果团队中全是同一类型的人才,那肯定做不好工作。只有合理地搭配人才,才能做到人尽其才、各展所长,整个团队才会更具战斗力。

苹果并非完美无缺，因此我需要努力弥补

2014年8月，苹果公布了一份内部的《员工多样性报告》，报告中列出了苹果员工的性别和种族比例：按人种区分，白种人占比为55%，亚洲人比例为15%，拉美裔人比例为11%，黑人为7%，此外，还有9%的员工拒绝透露自己的种族，1%员工选择了其他种族，2%员工为混血；按照性别区分，男性占全部员工的70%，占非技术工人的65%，占技术工人的80%，占苹果领导团队的72%。可见，在苹果公司里，男性员工比例远高于女性，且白种人在数量上占绝对优势。

对于这份报告统计出来的数据，身为苹果公司负责人的蒂姆·库克并不满意，他认为苹果公司在员工多样性方面做得还不够，今后仍需要做出更多的努力。蒂姆·库克同时表示，除在种族和性别两方面外，苹果公司也欢迎残疾和拥有不同性取向的员工加入团队。

在美国硅谷，种族歧视和男女平等的话题非常敏感，因此苹果的一些股东其实并不赞成苹果公司发布有关员工多样性的报告。但在美国人权维护者看来，科技公司公布员工多样性报告其实能够真实反映员工在性别和种族等方面分布不平衡的状况，对企业进行人性化管理改革有着极大的帮助。而蒂姆·库克明显站在美国人权维护者这一边："有人认为我们不应该发布这份报告。我不这么看……报告显然告诉大家，**我们并不是一家完美无缺的公司，因此**

我们需要努力弥补。那样就会好起来。"

由此可见，蒂姆·库克领导下的苹果越来越开放，越来越理性，面对苹果公司业务中存在的弱点，他选择坦然承认，并能够在必要时向外界寻求帮助。因为在他看来，合作是苹果势在必行的战略。

2014年7月16日，蒂姆·库克宣布苹果与IBM建立合作伙伴关系，将联手通过iPhone、iPad和专门的商用应用进军企业市场。蒂姆·库克的这一选择让苹果观察者大为震惊，因为这是苹果粉丝、批评者以及专家们从来没有想到的，要知道，苹果和IBM一直都是"死敌"，苹果联合创始人史蒂夫·乔布斯甚至还在1983年12月跑到IBM的纽约总部门口对着IBM的标志竖起了中指，而这一照片直到多年后才由Mac早期研发团队成员安迪·赫茨菲尔德发布到网络上。

但在蒂姆·库克看来，苹果公司要保持飞速发展，既不能沉迷于过去的辉煌，也不能抓住过去的宿怨不放，如果昔日的竞争对手如今能成为很好的合作伙伴，共谋双赢局面，何乐而不为呢？要知道，苹果和IBM双方在过去10年的科技经济中几无竞争关系，因为IBM早在2004年就剥离了PC业务，如今也不再涉足消费者市场，而苹果在企业软件市场也没什么影响力，只不过向企业出售大量的电脑、手机和平板电脑产品。众所周知，苹果的iPad正在逐步渗入企业领域，iPad在《财富》企业500强当中的部署率早已超过90%，但如果没有IBM的合作，苹果想要自己进行业务渗透几乎是不可能的，而IBM也渴望在后PC时代巩固自己在企业领域的地位，所以两者之间的合作看起来是水到渠成的，因为合作会让苹果和IBM的企业收入都更上一个台阶。

蒂姆·库克在接受美国著名脱口秀主持人查利·罗斯采访时，

曾专门解释过苹果为何长期以来一直没有强势进军企业领域："真正的答案就是应用问题。我们一直缺少足够的深度垂直的应用，比如航空公司飞行员使用的那些应用，或者是银行出纳员使用的那些应用。"在蒂姆·库克看来，解决这个问题的最好方法，就是与在相关专业领域内具有类似丰富经验的企业展开合作。

蒂姆·库克与IBM的CEO弗吉尼亚·罗曼提在经过长达几个月的交流协商之后，最终于2014年7月达成协议。IBM将会打造将近100款涉及多个领域的专业iOS应用，包括金融、电信以及医疗等。按照计划，首批定制的专业应用会在2014年年末发布，剩下的也会在2015年一一上线。除了应用之外，苹果和IBM的合作还涉及服务、支持和移动设备的管理。总之，在IBM的帮助下，苹果将更快地打入企业市场。正如蒂姆·库克本人所说的那样："IBM在许多垂直服务方面拥有丰富的知识，还拥有强大的销售力量，因此IBM能够给苹果公司提供足够的企业领域的相关知识和经验。"

很多白领人士在工作时可能都有一个很深的体会：为企业定制的应用很少会为用户体验而设计，因为开发这些应用的是工程师，而不是设计师，所以它们往往显得很粗糙，使用起来也很不方便。这时候，就需要苹果上场了，因为苹果在用户体验和设计方面的功力众所周知。IBM开发出应用，然后苹果通过自己的工具和技术设计用户界面，这样的合作堪称完美。

对于苹果与IBM的此次合作，蒂姆·库克本人给予了很高的评价："如果拿拼图来打比方的话，那么两家公司显然很好地拼在了一起，它们可以说是两块完全契合的拼图。我们都拥有工程文化，因此放在一起的话，双方的团队都会相互受益。展开合作会让双方最终得到比自己单干更好的结果。""我们拥有他们所需的东西，他们也拥有我们所需要的东西。对我自己而言，这将是一种非常完美的结合。"

对于这次合作的前景，罗曼提也十分看好："我们都认为彼此是各自市场的代表……我们确实需要对行业进行重塑，释放企业还未获得的价值……我们旗下有着相互补充的资产组合。我们拥有大数据、分析技术、整合技术和云服务，而他们则拥有设备、开发环境和易用性。因此，双方可谓天作之合。"此外，罗曼提还对蒂姆·库克本人做出了高度评价："库克是标准的现代CEO，他对什么该做、什么不该做有着清晰的想法。"

如今，单打独斗的时代已经过去，合作变得越来越重要。一个人要成功，要达到自己的目的，就必须善于借助外界的力量。一家企业要发展，也必须善于借助外界的力量。

合作对企业发展的重要性在恒大地产集团董事局主席许家印身上也得到了印证。在2010年的一次采访中，他曾说："恒大有今天是我们在座各位合力的结果。一家企业要渡过难关，要走向辉煌，光靠企业内部是不行的，而是要靠很多实力非常强大的战略合作伙伴。在这一点上，恒大非常清醒。所以，我们在2004年的时候就提出了要打造精品，并开始运作建立战略联盟关系。在建筑施工领域，我们选择中国前十强企业进行合作，这是恒大当时的标准。后来由于工程量过大，地区公司可以找省内前三大企业。为什么在6年前就这么决策？因为要打造恒大百年老店，并长期立于不败之地，这就是一个坚实的基础。强强联手就是无敌的。"

"强强联手"实际上也是一个资源整合的过程。整合资源就是要进行优势互补、能力互助，其关键就是找到自己的优势，看清自己还有哪些地方是需要改进的，从而与对方开启合作之路。当社会竞争越来越激烈时，合作也会越来越频繁，能够从弥补自己的缺陷入手，有效地整合双方的优势资源，必能创造巨大的经济效益。

收购是为了制造伟大的产品，而非提高收入

2014年5月，蒂姆·库克宣布：苹果公司将以32亿美元的价格收购耳机制造商Beats。蒂姆·库克还为此向苹果公司全体员工发送邮件，谈到了苹果公司历史上对音乐业务的专注，在收购完成后苹果和Beats的整合方式，以及这笔收购的重要性。

Beats是美国知名的耳机制造商，并于2014年推出了一项音乐订阅服务。然而，对于苹果此次的巨额收购案，业内人士并没有像当初脸书花190亿美元收购WhatsAPP（Whats Appmessenger，是一款可供各种智能手机之间通讯的应用程序）那样表示惊羡，反而更多地表现出对蒂姆·库克这项收购决定的质疑。

在密切关注苹果的评论家看来，Beats也许对很多有才干的人来说是一家很好的公司，但它不是一家专注于生产全世界最好的产品的公司。而且，Beats耳机遭到评测界的普遍批评，其流媒体服务在业内人士看来也只能算是二流的服务。

有媒体评论蒂姆·库克的这项收购说："该项交易体现了库克在产品更新上的拙劣无能，他只能通过资本运作和营销赢得市场，而这与苹果的初心背道而驰。"

资深苹果评论家约翰·格鲁伯也对这项交易十分不理解："Beats没有一丁点儿像苹果。苹果收购Beats既不像是为了品牌，也不像是为了硬件。如果苹果想出售价格昂贵的高端耳机，它根本没必要花32亿美元。Beats的流媒体服务很有趣，但是苹果难道不会

自己开发一项类似的服务吗？"在他看来，如果苹果真想拥有一款出色的流媒体产品，它应该去收购Spotify或Rdio（Spotify、Rdio皆为著名的流媒体音乐服务商），毕竟那两家公司才是流媒体行业的佼佼者。

当然，也有媒体表示支持蒂姆·库克的决定："此次收购显示出库克决策上的果敢，他也终于摆脱了乔布斯的保守做派，为苹果打上了自己的印记。"

美国用户点评及社交商务平台——市场声音的高级副总裁阿里·帕帕罗也对蒂姆·库克的这一举动表示了赞美："这是一项天才的交易。高利润，无风险，协同效应高，它不会稀释苹果品牌的价值。"阿里·帕帕罗之所以这么说，是因为有分析显示Beats在2014年的营收可达到10亿美元。

著名科技评论家彼得·卡夫卡也曾表达过同样的看法："以3倍于收购目标年收入的价格收购一家耳机公司并不是太糟糕。Beats耳机的售价并不低，因此这部分业务是可以赢利的。"在他看来，Beats的流媒体服务才是苹果真正想要的东西。而且，由于Beats本身就能够赢利，苹果此举相当于免费获得了一项流媒体服务。另外，32亿美元对于拥有1500亿美元现金的苹果来说，不过是"九牛一毛"而已。

面对这些猜测和质疑，蒂姆·库克觉得没有必要沉默，因此他在2014年5月接受美国科技新闻报道、产品评测和分析网站Re/code采访时，给出了明确的解释。

在采访一开始，记者就开门见山地向蒂姆·库克发问："这样的大宗收购很不寻常，你为什么想要收购Beats？"

蒂姆·库克回答道："都是为了音乐。我们一直相信，音乐是社会和文化的关键组成部分。音乐业务是苹果公司经营的核心业务之一。苹果人对音乐的执着已融入骨血之中。Mac刚上市的时候，主要就是面向音乐家销售。在iPod和iTunes的帮助下，我们加快了音乐产业与数字音乐的革命。

"我们一直都很喜欢音乐，相信音乐的力量，相信音乐可以超越语言、文化，将所有人凝聚在一起，并产生深厚的感情，这是其他东西做不到的。现在，我们正站在技术和人文科学的十字路口。

"Beats给苹果带来的是众多拥有罕见技能的专业人才。他们的技能也许不是天生的，却非常特别。他们对音乐有着深刻的理解，我相信这些人能给苹果注入一些新的东西。通过收购Beats，我们还能得到一项音乐订阅服务。此外，Beats还建成了让人难以置信的独一无二的高端耳机业务。我自己也是Beats耳机的粉丝。

"我们总是着眼于未来。所以重要的不是今天苹果和Beats能做什么，而是未来我们能做什么，我们在一起会碰撞出怎样的火花。

"从财务方面来说，我们两家公司在短时间内就能实现协同效应。利用苹果在全球范围内的影响力优势，将订阅服务和耳机产品推广到更多国家。

"根据推测，在2015财年我们就能'回本'。你也知道的，距离2015财年只有几个月而已。真正让我们感到兴奋的是，我们在一起能做到分开做不到的事情。"

但记者指出，苹果从2003年就开始销售数字音乐了，完全可以推出自己的音乐订阅服务，而且苹果自身很擅长做硬件，也可以自行研发耳机。对于这个观点，蒂姆·库克当场进行了反驳："只要有梦想，就没有做不到的，但这不是问题的关键所在。Beats给苹果带来的是一个良好的开端，给我们带来人才，人才可不是俯拾皆是的。这些人都拥有创意的灵魂，和我们志趣相投。……吉米和Dre（指Beats的创始人吉米·艾欧文和Dr.Dre，前者是环球唱片下属子公司的董事长，后者为美国著名的饶舌歌手）创建了一些非凡的东西，他们拥有惊人的能力。从交易获得批准的那一瞬间开始，我们就能立即投入工作之中。"

和喜欢囤积资金而较少进行收购的乔布斯不同，蒂姆·库克认为，收购能够帮助苹果更好地生产伟大的产品，"我们从来没有什么都靠自己而不去直接获得的心态"。实际上，苹果公司已陆续收购了多家公司，从2013财年至今，蒂姆·库克已经带领苹果收购了23家公司。

其实，在2013年2月的高盛技术与互联网大会上，蒂姆·库克就曾表明，苹果公司在收购方面一直坚持着"深思熟虑"的原则，一直在积极收购规模相对较小的公司，因为这样的收购交易更符合苹果公司的利益。

在会上，蒂姆·库克表示："在过去的3年（2011—2013年）里，我们平均每个月都会收购一家公司，那些被收购的公司都有高素质的人才或知识产权。一般而言，我们在收购后会将他们开发的技术投入使用并应用到苹果的产品上。"为了更好地说明这一点，他还举了苹果收购PA半导体公司的例子："这是一个拥有非凡技术的团队……我们将他们的技术应用到iPhone和其他产品上。我们还会继续这么做。"

同时，蒂姆·库克表示，苹果一般不会收购大型公司，但如果符合苹果的利益，他也不会反对这样的收购。蒂姆·库克解释道："我们也评估规模较大的公司，但是每一次，规模较大的公司都没能通过我们的测试。我们以后是否还会继续评估大公司呢？我想是的。但是**我们有严格的纪律和想法，而且没有必要通**

过收购大公司来提高公司收入。我们希望制造出伟大的产品，如果哪家大公司能够帮助我们制造出伟大的产品，我们会有兴趣收购它的。但是，我要重申的是，深思熟虑是我们在收购方面的大原则。"

在激烈的市场竞争中，产品的更新换代速度非常快，仅仅依靠自身的研发很可能难以跟上市场的变化。因此，收购市场中富有潜力的公司，由此获取其技术和人才，从而迅速推出新产品就成为企业在市场中博弈的绝佳策略。显然，蒂姆·库克深谙此道。

第五章

我们推崇简单，而不是复杂

> 想出一个复杂的方法来做事不难，难的是想出一个简单的方法。
>
> ——蒂姆·库克

库存就是魔鬼，"零库存"才是完美状态

苹果成功的秘密究竟是什么？大多数人会说：苹果之所以能成功，是因为苹果拥有乔布斯，一个深谙商业哲学并懂得如何引导消费者需求的天才。而熟悉苹果公司的人知道，乔布斯对苹果的贡献并不止于此。

众所周知，乔布斯对苹果最大的一个贡献就是对于简单的专注。

乔布斯不喜欢复杂，他认为，简单是最重要的原则，而要做到简单，就必须进行深入的思考。因此，苹果产品的设计思想就是：极致的简约。苹果追求的是让产品达到能在现代艺术博物馆展出的品质。乔布斯管理公司、设计产品、广告宣传的理念只有一句话：让我们做得简单一点，真正的简单。苹果奉行的这一原则在它的第一版宣传册上得到了突出："至繁归于至简。"

所谓"至繁归于至简"，就是能够把复杂的工作简单化，这是工作的最高境界。

乔布斯在运营NeXT（由乔布斯创建的一家专门制造和开发适用于高等教育和商业市场的工作站电脑的公司）时，IBM公司的人带着计划书来谈合作，期望获得其开发的系统的使用权。那份计划书做得非常细致，总共有100多页。不过，乔布斯拿到之后看都没看就丢进了垃圾桶。因为在乔布斯看来，一份好的计划书只要五六页就够了。

早年在计算机行业中主要强调的是技术，而乔布斯则率先关注

第五章
我们推崇简单，而不是复杂

了设计的简洁以及使用的便捷性，这也为他后来所推出产品的特性奠定了基础。

苹果公司的首席设计师乔纳森在谈到iPod时说："乔布斯很早就意识到，不要只在硬件技术上大做文章——许多产品之所以复杂，正是因为制造时过分强调技术，而这类产品往往是失败之作。"

事实上，最早设计出来的iPod除播放音乐之外还拥有收听广播和录音的功能，但后来这些功能都没有保留下来，因为乔布斯担心iPod会因此而变得复杂。乔布斯曾说："与众不同不是目的，创造一个与众不同的东西其实非常容易，真正令人兴奋的是，产品的与众不同是追求极简这一理念的结果。"

蒂姆·库克当初之所以能被乔布斯挑中，去解决苹果公司混乱的供应链问题，就是因为他也像乔布斯一样推崇简单，而不是复杂。

蒂姆·库克认为："最好的往往是最简单的，最简单的反而是最难做的。"蒂姆·库克最初加入苹果时，就发现其运营只能用"一团糟"来形容：库存臃肿，制造部门效率低下，亏损巨大，单是1997财年，苹果的损失就超过10亿美元。

当时苹果制造部门的效率到底有多低呢？一个很典型的例子可以说明：苹果公司把电脑部件从亚洲运往欧洲，在爱尔兰的一家工厂里组装成笔记本，然后将其中的很大一部分又运回亚洲市场进行销售。

乔布斯相信，蒂姆·库克有办法改变这一切。因为当时的蒂姆·库克已经拥有16年IT从业经验，常年负责IT产品的库存管理、制造和分销。自1982年从奥本大学毕业，蒂姆·库克就进入IBM工作，一直到1994年。在长达12年的供职期间，他的主要工作就是IBM的个人电脑产品在北美和拉美的制造和分销运作。离开IBM之后，蒂姆·库克又加入设备批发商智能电子公司，担任该公司电脑分销部门的首席运营官。而在加入苹果公司前，蒂姆·库克刚转投康柏6个月，负责康柏的材料采购和产品库存管理。

蒂姆·库克曾说："**库存基本上就是魔鬼。**"正常情况下，库存产品的价值会在一周内下跌1%~2%，因此蒂姆·库克认为，"**你要像从事奶制品行业一样管理公司，如果奶制品过了保质期，问题就来了**"。

蒂姆·库克在苹果上任后，所做的第一件事，就是对电脑制造业务进行大笔的账面减记。减记，一般用来指资产账面价值的降低。也就是说，一项资产的价值缩水，导致该项资产的账面值高于其当前实际价值，按会计准则将其账面值减记至反映其当前实际价值的水平。但蒂姆·库克心里很清楚，仅仅账面减记是不够的，他必须采取实际的行动。

蒂姆·库克采取的第一个实际行动，就是将一些简单的非核心业务外包给其他公司，这样苹果能够将自己最擅长的设计和营销的价值发挥到极致。也就是说，苹果公司只负责设计，而将生产交给其他公司来完成。比如，苹果过去一直生产PC机主板，但在1998年的调查中，蒂姆·库克发现，一些生产商的主板已经优于苹果生产的主板，于是决定将这一业务卖掉，并将生产外包给这些生产商。

蒂姆·库克采取的第二个实际行动，是推动苹果的部件供应商在地理上贴近制造商的产品组装厂，从而减少诸如上述"从亚洲到欧洲再回到亚洲"的无效循环。此外，最重要的是，这样能使供应商把部件保留在自己的库存里而不是苹果公司。既然产品部件大多保留在制造商的仓库中，那么，苹果在世界各地的工厂和仓库的作用减弱，其中的10家被相继关闭也就是顺理成章的了。

蒂姆·库克的这番实际行动导致的结果，就是库存产品在苹果资产负债表上存在的时间迅速从以月计算降为以天数计算。截至1998年9月25日，苹果只维持着6天的库存量，相当于7800万美元的商品价值，这比上一年的31天库存量和4.37亿美元商品价值降低了很多。到了1999年年底，蒂姆·库克进一步把该数字挤压为2天和2000万美元。

对于蒂姆·库克在苹果供应链方面做出的成绩，乔布斯十分满意，他曾在2000年接受《商业周刊》采访时说："蒂姆·库克是我迄今为止招来的最好的员工。"要知道，在苹果前首席运营官詹姆斯·麦克鲁尼1997年离开后，乔布斯在很长一段时间里都苦恼于找不到合适的继任人选。据《华尔街日报》描述，乔布斯曾经以其典型的粗暴方式拒绝了好几位求职者，甚至有一次面谈尚未结束就拂袖而去。对于蒂姆·库克，乔布斯却是委托猎头三番五次约见，直到最后将其招至麾下。乔布斯显然非常看好蒂姆·库克，他曾说："我不能从公司内部挖掘潜力，也没有从我认识的人当中发现合适人选，这项工作整整持续了9个月，直到我们找到蒂姆·库克。在蒂姆加盟苹果以后，我们从根本上改变了个人电脑业务的供应流程。"

苹果产品库存量减少的直接成果，就是苹果公司整个产品线的利润大幅上升。1998年，苹果公司的毛利从前一年的19%上升至25%，到2010年已经达到39.4%。

为了表彰蒂姆·库克在运营方面做出的成绩，苹果公司董事会给予其一份"特别奖励"：80万美元年薪和500万美元奖金，以及苹果公司的5万股限制性股票，总价值高达5910万美元。

乔布斯交给蒂姆·库克的第一份任务，就这样被他漂亮地完成了，他因此获得了乔布斯的高度信任，开始从乔布斯手中获得越来越多的任务。2000年，乔布斯把全球电脑销售和客户支持部门交由蒂姆·库克负责。2004年，乔布斯又把Mac部门交给蒂姆·库克主管。2005年，乔布斯将入职苹果公司只有7年多的蒂姆·库克升为首席运营官，开始领导苹果的所有部门。对于蒂姆·库克的这次升职，乔布斯还专门对苹果公司的员工做了说明："在过去的两年多时间里，蒂姆·库克在业务上取得的成就大家有目共睹，这也是本次公司认可他升职的主要原因……我相信蒂姆·库克将带领苹果走向未来，实现更加令人激动的目标，我希望大家能在以后的工作中支持他，理解他。"在乔布斯决定卸任苹果CEO的职位后，更是大力将蒂姆·库克推上了苹果公司新CEO的位置，足见乔布斯对其能力的认可。

因为在苹果供应链方面做出的杰出贡献，蒂姆·库克还在2005年11月18日被国际知名运动品牌耐克董事会选为第11位董事会成员，主要负责耐克的网上销售以及卖场的消费者体验活动的运营管理。对此，耐克高层的解释是："拥有从全球化生产到经营管理等方面的各种丰富经验，拥有在全球多家知名品牌企业工作的宝贵经历以及专业技术方面高深造诣的蒂姆·库克，一定会成为耐克的宝贵财富。"要知道，除了蒂姆·库克，苹果公司没有任何高级管理人员可以在其他公司兼职，这充分说明乔布斯是多么偏爱蒂姆·库克。而蒂姆·库克这几年的表现，也确实没有让天堂里的乔布斯失望。

现代社会，人们似乎总有忙不完的事情，当忙完后才发现大多数时间都在做无效的工作。事实上，随着工作步调越发复杂与紧凑，很多时候我们都将原本的简单问题复杂化了，给自己徒增麻烦。在这种情况下，保持简单是最好的应对原则。

简单思维，有一个较为有名的法则——"奥卡姆剃刀"。该法则的提出者奥卡姆·威廉有一句著名的格言："如无必要，勿增实体。"不要把事情看得那么复杂,那样只会使人处于自我束缚中。许多问题解决起来,既不需要太复杂的过程,也不需要有太多的顾虑,绝妙常常是存在于简单之中的。

根据奥卡姆剃刀这一原则,对任何事物的准确解释通常是那种最简单的,而不是最复杂的,这就像音箱没有声音,我们总是会先看看是不是电源没有接好,而不会马上就将音箱拆开检查哪个线路坏了。

所谓大道至简,能够把复杂的工作简单化,才是工作的最高境界。

谁占据了专用性资源,谁就抓住了竞争的主动权

2014年5月22日,信息技术研究和分析机构高德纳公司在于美国凤凰城举行的供应链管理者大会上,宣布了全球供应链25强名单,苹果公司以三年加权总资产收益率20.5%、库存周转率69.2%、三年加权营收增速31.2%的成绩再次荣膺冠军,这已经是苹果公司连续7年夺得该榜单冠军了。

高德纳公司之所以发布这份报告,是希望使企业更好地意识到供应链管理的重要性及其对企业自身的影响。正如美国市场调研机构AMR研究公司副总裁凯文·奥马拉所说:"通过将产品和流程创新整合到供应链运营和自觉管理中,管理和塑造用户需求和生产并履行职责,包括25强在内的各大企业正在不断提升供应链管理水

平，而不仅仅是运送货物那么简单。"

苹果产品的成功，尽管在很大程度上归功于乔布斯的天才领导和颠覆性创新，但如果没有强大供应链作为保障，乔布斯的天赋也只能是幻影，而打造苹果的强大供应链的人就是蒂姆·库克。

在蒂姆·库克看来，IT产业变化迅速，同时产品制造复杂精密，产业供应链中存在许多关键节点，这就产生了一种将供应链变成战略行动的可能：占据专用性资源，牢牢抓住供应商，并打击竞争对手。这就是苹果大手笔的供应链战略投资的动力所在。

什么是专用性资源呢？专用性资源，是指只有当该资源和某个特殊的用途结合在一起的时候，这种资源才是有价值的，否则它的价值基本上体现不出来，或者即使有价值，与为了获得这项资源所进行的投入相比，资源的所有者也是受损失的。而且，资源的专用性越强，其所有者在和别人进行谈判时的"筹码"也就越少。但在蒂姆·库克看来，专用性资源的这些特性正是推崇创新的苹果所需要的，它能帮助苹果在竞争中获得主动权。

蒂姆·库克在改进苹果的供应链时，最看重的就是效率。因此，当他发现很多公司都通过海运而不是空运来获取零部件时——因为海运成本要比空运成本低得多——觉得苹果应该占据空运这种专用性资源。1997年，为了确保新款半透明Mac能在次年圣诞节期间全面铺货，蒂姆·库克竟然用5000万美元的天价买断了圣诞购物季期间所有可用的空运空间。这一举措令康柏等临时想要增加空运订单的竞争对手陷入绝望。

在2001年iPod即将上市之际，蒂姆·库克再次通过空运将产品从中国的工厂运送到消费者的门口。曾经有一名惠普员工订购了一部iPod，当他在几天后收到产品时，通过苹果网站追踪这款产品的行踪，发现它竟然经过了环球旅行，他深深地为苹果疯狂的举动感

第五章
我们推崇简单，而不是复杂

到震惊。

在蒂姆·库克看来，只要有必要，便可以投入巨资，并通过长期的规模效应获得利益——这种思路贯穿于苹果的整个供应链中，起点则是设计阶段。

2006年，苹果设计主管乔纳森在为下一代Mac做设计时突发奇想，想要在新产品上增加一项新功能：在屏幕上方设计一盏小绿灯，穿过电脑的铝制外壳指示摄像头的位置。但要将这个想法付诸实践，乔纳森面临一个很大的问题：从物理学上讲，光线是不可能穿过金属的。于是，乔纳森打电话给一些制造专家和材料专家，希望找到一种方法，把"不可能"变成"可能"。这些专家在经过多次试验后发现一个可行的办法——利用激光在铝制外壳上打一个人眼几乎无法识别但足以让光线穿过的小孔。这样，摆在乔纳森面前的问题就变成了：苹果需要激光器，大量的激光器。专家们发现，有一家美国公司为微芯片制造厂商提供的激光设备经过一些改进后，可以胜任这项工作，每台激光设备当时的售价约为25万美元。

设计是乔纳森的强项，谈判就不是他所擅长的了，于是，与那家微芯片制造厂商接洽谈判的任务就落到了蒂姆·库克身上。谈判可是蒂姆·库克最擅长的，更何况他本来就推崇苹果占据专用性资源，因此他很快就说服那家微芯片制造厂商和苹果签订保密协议，并从厂商那儿购买了数百台设备用于打孔，让乔纳森设想的绿光得以在苹果的Mac和无线键盘上闪耀。

苹果购买的这些设备是免费提供给供应商使用的，对此供应商当然很欢迎。但渐渐地，供应商发现，自己似乎变成了苹果的独家供应商，并且在苹果大笔预付款、设备和技术投资的诱惑下不断开发只有苹果需要的技术和制造工艺，而这些通常都不是自己独享的。结果就是，不想为单独客户投资于专用性资源的供应商，却不自觉地把自己变成了苹果的专用性资源。

蒂姆·库克坚信,只有"垄断现有零部件的市场,比如闪存,并为新部件成本提供昂贵的独家生产资金",才能让苹果优先于竞争对手获得这些部件,保证苹果在竞争中处于不败之地。

蒂姆·库克深知,**在市场容量有限并瞬息万变的情况下,供应链的争夺将决定终端出货量的数字,随之影响后续的供应链地位,形成循环**。而IT制造业新生产线投资巨大,必须达到很大的产量才能收回投资。因此,苹果可以向一家供应商支付数十亿美元的预付款,目的就是让该供应商承诺将多数生产能力提供给苹果。苹果甚至会为供应商支付工厂建设费用,以获得新零部件的独家采购权。因为在蒂姆·库克看来,如果业界最优秀的供应商的精力都用于满足苹果不断提高的要求,就没有太多机会去扩张产能以服务于其他企业。因此,从这个角度说,苹果实际上垄断了IT制造业的创新,这也是其他企业的产品不仅在质量和性能上赶不上苹果的产品,而且往往由于缺乏关键零部件而无法提高产量,跟不上市场需求变化的原因。

而且,因为苹果的订单量很大且稳定,苹果在供应商那里还有较高的议价权,往往能以相对较低的价格获得大量的产品采购及生产。比如,苹果在推出iPod Shuffle之前,就和三星签订了长期协议,以极低的价格预订了三星的大部分闪存。要知道,在iPod Shuffle的总成本中,闪存的成本就占了2/3,因此这个举措极大地降低了iPod Shuffle的成本。更重要的是,在苹果推出低价iPod Shuffle的同时,闪存价格却因缺货而走高,这就使得其他MP3厂商倍感压力。

在研发iPhone 4的时候,苹果也采取了相似的策略。iPhone 4的屏幕采用的是基于IPS技术(IPS即In-Plane Switching,平面转换,IPS技术是一种液晶面板技术,成像细腻)的960×640超高分辨率屏幕，选定的供应商主要有两家：拥有IPS技术最大产能的韩国LG公司以及日本老牌屏幕制造商夏普公司。由于iPhone 4的大量订单，这两家供应商几乎将其所有产能都供给iPhone 4了，致使摩托罗拉、HTC等手机制造商无法获得此型号的屏幕订单，只能向其他屏幕供应商采购技术相对落后的普通TFT屏幕，其屏幕显示效果远远落后于iPhone 4，市场反应自然不如iPhone 4好。而当其他厂商的产能逐步改善时，通常已经过去了半年到一年的时间，这时苹果的新一代iPhone又上市了。苹果仅靠屏幕这一方面的优势就赢得了很大的市场，加上CPU、内存等其他部件的优势，大大拉开了与其竞争对手的差距。

作为苹果重要代工厂的富士康，能够为苹果生产出大批量的高质量iPhone手机，却在代工锤子手机时状况百出。这其中，锤子订单少应该是最主要的问题。代工厂的生产能力与企业订单数有直接的关系，先为大单服务是行业的常态。

据美国信托公司的一项数据统计，截至2014年4月，苹果坐拥950亿英镑现金储备，是英国国库的2倍，德国政府的4倍。可见，财大气粗的苹果公司完全可以买断关键供应环节。而蒂姆·库克确实一直在为苹果的供应链投资不断加码，他相信苹果的这些投资最终都能从竞争对手丢掉的市场上挣回来。

在全球经济一体化的今天，所有企业都面临着高新技术、信息化和全球化的挑战。企业在发展到一定程度之后，应该善于着眼未来而进行战略调整。这是一个趋势。竞争日益激烈的市场要求企业善于为未来布局，企业只有着眼于未来利润进行资源配置，才能赢得未来。在蒂姆·库克看来，占据专用性资源，就是着眼于未来利润进行资源配置的最重要手段，这也是苹果继续保持行业领先地位的最大倚仗。

最大的风险不是价格,而是供应链中断

2014年4月14日,《圣何塞水星报》发布了一份硅谷150强报告,根据彭博社和美国证券交易委员会的数据,对来自硅谷的75家顶级公司的收入进行了排名分析:苹果公司以1740亿美元的收入位居第一,超过了位居第二的惠普、第三的谷歌的收入之和,惠普和谷歌的收入分别为1120亿美元和598亿美元。苹果的利润达370.3亿美元,高居IT企业榜首,超越了排名第2~5位的惠普、谷歌、英特尔、思科4家厂商的利润之和,其中惠普53亿美元、谷歌129.2亿美元、英特尔96.2亿美元、思科为81.7亿美元。

在当前IT产业普遍微利的环境中,苹果却能赢得巨大的利润,其所倚仗的除了创新的产品设计之外,还有隐藏在幕后、未被人们广泛认知的优秀的供应链管理,二者实现了优秀的软硬件集成,为消费者提供超乎想象的体验。

众所周知,苹果产品并非将概念性的技术变成现实,而是集合现实中已经存在的技术。也就是说,苹果的创新并非从无到有的绝对创新,而是从有到新的相对创新。苹果能够将全世界一些优秀的单个技术集成起来,渗透到其产品上游所有元器件的开发、生产和制造的过程中,始终领先竞争对手1~2年,所使用的终极武器就是供应链管理。

当人们拿到一部iPhone手机时,往往不会想到这部iPhone已经游历了大半个地球:它的产品设计在美国,关键零部件的生产在日

第五章
我们推崇简单，而不是复杂

本，核心芯片和显示屏的生产在韩国，另外一些零部件的生产在中国台湾，组装工作则在中国内地的富士康工厂完成，最后根据苹果公司的订单再飞到全球各地，来到苹果用户手中。这就是苹果的供应链。

作为一家硬件制造商，如果只是做到了产品设计工艺的精湛，却不能在生产、供应链管理等流程上做到高效、经济和可持续，是很难立足于竞争激烈的移动设备市场的。蒂姆·库克认为，要打造一条强大的供应链，必须保证供应链上的每一个节点都是强强联合，即供应链上的每家企业都应当集中精力致力于各自核心业务的过程，成为各自组织的独立制造岛，根据需求信息的传导，高效整合资金流和物流，以满足消费者需求。

在接手苹果公司的供应链管理后，蒂姆·库克很快通过将制造等非核心业务外包，初步建立起了一条全球化的供应链。但蒂姆·库克认为，强大的供应链应当是一个竞争对手难以模仿的"生态系统"。

在蒂姆·库克的规划中，强大的供应链生态系统应该是这样的：

第一，苹果实行单一制造策略，绝大部分的硬件产品都在亚洲制造。蒂姆·库克将苹果产品目前的市场重心定位在中国这样的新兴市场。要知道，在接近销售市场的地点，利用当地的廉价劳动力、土地等资源进行制造，辅以少数零部件的空运和海运，完全能够满足苹果的市场需求。这使得苹果可以大幅降低成本，而且只需在少数地点协调物流和出货业务。

第二，苹果公司的供应商遍布全球，分布在中国台湾地区和美国、韩国、德国等地，在中国大陆主要是台资企业的生产基地，最后由富士康组装成机。目前，在苹果的590家供应商中，中国大陆居首位，共有349家厂商，其后则是日本139家、美国60家，及中国台湾42家。然而，这些供应商的背后还有代表苹果公司向这些供应商供货的数百家二级和三级供应商。即使在单一地区因缺乏某种关键组件而在全球造成整个系统中断的情况下，苹果这种分布式电子制造也能使其免受冲击。而且，苹果通过这样有层次的供应链结构，减少了管控幅度和难度，提高了供应链的运行效率。

第三，苹果并没有完全放弃本地制造。苹果的高端定制产品，会由苹果自己在爱尔兰的组装厂组装。蒂姆·库克认为，在满足非常个性化的高端需求方面，完全由自己掌控的制造单元能够保证产品质量的完美。

总之，在蒂姆·库克对供应链的不断加码下，苹果如今的供应链已经演化成一个由芯片、操作系统、软件商店和零部件供应厂商、组装厂、零售体系、APP开发者组成的高度成熟和精密的强大生态系统。而且，这个生态系统相对封闭，苹果几乎可以通过控制供应链来控制产品从设计到零售的方方面面。

同时，蒂姆·库克很清楚地认识到，供应链实际运行的效率取决于供应链合作伙伴关系是否和谐，因此建立战略伙伴关系的合作企业关系模型是实现最佳供应链管理的保证。只有充分发挥系统中成员企业和子系统的能动性和创造性，实现系统与环境的总体协调，供应链生态系统才能发挥最佳的效能。那么，蒂姆·库克是如何发挥系统成员企业的积极性和创造性，建立协调的伙伴关系的呢？答案就是"共赢"。

对于苹果供应链上的企业来说，它能从与苹果的合作中获得四大好处：

第一，足够的资金保障。众所周知，每次向供应商下订单时，苹果都会慷慨地预付一大笔资金给供应商，为供应商提供足够的资金保障。这对于接下一笔订单就要提前付出一大笔采购成本和人工

第五章
我们推崇简单，而不是复杂

成本的供应商来说简直是福音。有时苹果还会提出"所有设备我来买，但只能干我的活"的要求，供应商更是求之不得，因为这样供应商就免除了设备折旧的投资风险，消除了业务的不确定性。当然，对于富士康这样的大型供应商，苹果只会帮其购买20%～30%的设备，70%～80%的设备由富士康自费购买，而对于规模较小的代工厂商，苹果就会购买其中50%的设备，免费提供给这些代工厂使用。

第二，很强的稳定性。这对于制造商来说十分重要。对于供应商来说，客户的稳定订单流至关重要。如果供应商刚刚为一个客户扩充了产能，而客户产品销售出现大的波动，那么供应商的投资就打了水漂，利润率会随之下降。而苹果的销量很大，订单流比较稳定。尽管为苹果打工的利润较低，但是苹果每一款产品的销售周期都较长，一旦生产线开动，利润就源源不断，管理上也更容易、更清晰。如果在产能上遇到瓶颈，苹果情愿等待也不愿意为了抢时间把订单交给临时找的工厂，因为这样就违背了苹果公司一贯追求完美的原则。

第三，较高的利润。尽管和苹果获得的利润相比，苹果代工厂商分得的利润份额相对较小，但金额也绝对不菲。以iPhone 4为例，作为供应商的中国企业在产业链条上所占的份额都非常小，而且多是在芯片（台积电）和组装（鸿海精密、富士康）等环节，仅占187.51美元总成本中的6.54美元，不到零售价的1%，为此许多人批评苹果是在压榨供应链利润以自肥。但其实苹果给供应商的价格都是允许他们有合理利润的价格，对于享有下层供应商谈判权的供应商，比如富士康，苹果所给的利润空间还要更大一些。

第四，自身技术水平的大幅提高。对于供应商，苹果有一套很严格的控制标准，因此代工厂在和苹果合作的过程中能快速提高自身的生产水平和技术开发水平，生产出高质量的产品。即便是以后不再与苹果合作，也能因为拥有顶尖的设备和生产技术水平，更加容易接到其他品牌的订单。

在给予供应商好处的同时，苹果自身也大大获益：通过构建供应链生态系统，实现最靠近生产线的研发，极大地降低了研发成本，快速将创新设计转化为产品，获得了强强联合的产业链创新优势，这一切都让对手望尘莫及。

股神巴菲特曾说："研究我们过去对子公司和普通股的投资时，你会看到我们偏爱那些不太可能发生重大变化的公司和产业。我们这样选择的原因很简单，在进行子公司和普通股两者中的任何一种投资时，我们寻找那些我们相信从现在开始的10年或者20年的时间里实际上肯定拥有巨大竞争力的企业。至于那些环境迅速转变的产业，尽管可能会提供巨大的成功机会，但是它排除了我们寻找的确定性。"

在蒂姆·库克看来，在如今风云变化的IT行业，企业要想稳定发展，获得投资人的青睐，必须拥有一个完善的生态系统。针对美国硅谷企业的发展模式，斯坦福大学管理科学与工程系教授谢德荪提出了"动态生态系统理论"，即"源创新"。他认为动态战略理论的核心在于：在信息时代，重点不是在原有市场中竞争，而是随着信息的增加，如何有效地组合各方成员的资源，为各方成员创造新价值，以此吸引更多成员加入，从而形成一个有生命的生态系统。苹果的成功，在很大程度上就是因为它打造了一个又一个稳定的生态系统，才能联合众多合作企业的力量一起一次又一次地迈向成功。

第五章
我们推崇简单,而不是复杂

在供应环节,必须做到细节上的无缝把控

2013年1月,蒂姆·库克在第二次访华时曾公开表示:"对于我们的供应商,包括富士康在内,我们都有非常严格的规定和守则,如果说他们不遵循我们的原则和守则,我们就不和他们合作,终止与他们的伙伴关系。"

蒂姆·库克认为,要创造一个伟大的产品,不仅要求苹果拥有强大的创新能力,更要求苹果的供应商企业具有稳定的生产能力。为了防范供应链风险,苹果作为主导着整个供应链的价值分配和运行协调的"链主",必须在供应环节做到细节上的无缝把控。因此,苹果拥有对供应链企业的一整套管理和控制措施,以对整个供应链的运行质量和标准进行管理,帮助各个环节优化、创造价值。

在挑选供应商上,苹果秉持极其审慎的态度和超高的标准。在初步选定一家供应商后,苹果美国总部会派出专门团队到工厂考察,考核项目众多,且要求十分严格。因为苹果产品零部件的生产工艺要求非常高,苹果希望供应商具备一定的生产实力,产量要稳定、充足,因此苹果往往只对占据所属加工业前五位的制造商感兴趣。同时,苹果也很看重供应商在信息系统建设方面的成绩,因为如果一家制造企业有信息系统,那么就证明这家企业对流程管控比较重视,其生产实力就比较强。最主要的是,通过供应商的信息系统,苹果公司的美国总部就能借助于远程控制手段获得工厂的产品信息。

当苹果选择一家企业成为苹果供应商后，就会将其纳入自己的控制范围：苹果会从厂房的规划建设到如何培训工人，再到生产监控所需的计算机系统和软件、原材料等，方方面面提出建议，而且这种建议多是强制性的。有时，苹果甚至会指定原材料的供应商和尾端外包的代工厂。而被苹果选中的代工厂商必须使用苹果指定的生产设备，以保证每一个产品模具的质量。苹果选定代工厂商以后会进行试量产，每次试量产的时间持续长达两三个月，根据产品结果重复进行4～5次，从而给代工厂商充裕的时间提升产品品质。

蒂姆·库克深知，苹果产品的生产过程繁复而精密，牵涉数万零件和设备，其中只要一个环节出问题，就会导致最终的成品不合格。只有了解一线的情况，才能保证产品质量，并防患于未然，及时应对。因此，蒂姆·库克为苹果组建了一支庞大的驻厂工程师队伍，将他们派到分布于全球各地的苹果供应商企业里，深入了解生产过程中的每一个环节。苹果安排给供应商的驻厂工程师的人数，是按照工艺的复杂程度配备的，工艺较为复杂的生产环节会配备2～3名工程师，工艺简单的生产环节则配备1～2名工程师。在为苹果产品提供组装服务的富士康工厂里，苹果安排了几千名驻厂工程师来保障苹果产品拥有一流的产品质量和生产效率。

蒂姆·库克认为，驻厂工程师能很好地促进苹果与供应商建立起亲密的合作关系，正如他在一次采访中说的那样："我们有些高管住在富士康工厂的宿舍里，那并非不同寻常的事情。坦白地说，这不是为了看看宿舍里的生活是怎样的，而是我们与这些制造合作伙伴之间拥有非常密切的合作关系，而身处制造厂中有利于我们开展这种合作。此外，我们还有数百名员工住在中国的工厂里，专门负责帮助制造和致力于改进制造流程，诸如此类。**事实上，如果我们把制造看成是一件与我们没有关系的事情，那么就不能以现在的**

第五章
我们推崇简单，而不是复杂

速度实现创新。这是件一体化的事情，因此是我们业务流程的一部分内容。"

苹果驻厂工程师的任务就是每天负责代工厂的指标考核，为流水线上的产品质量打分，并严格控制交货期限。如果一个零件有不合格的嫌疑，就要叫停这条生产线。然后，驻厂工程师会与厂方和总部沟通，在短时间内对问题的性质和严重程度进行定义，在不影响生产进度的情况下改善质量。

如果供应商在生产过程中出现问题，苹果会要求供应商在12小时内做出根本原因分析和解释，这就意味着供应商必须加班加点地解决问题。有媒体报道，2007年，在新iPhone正式推出前一个月，乔布斯对iPhone的原型机器上的划痕不满，要求换成玻璃屏，当替换材料到达富士康工厂时，工厂负责人不得不在夜里叫醒8000名员工，开始赶工组装。

每个季度，苹果公司都会对所有供应商进行打分、排名。排名靠后的，未来获得的订单配额将会越来越少。

众所周知，苹果是一家十分看重产品保密性的公司，因此苹果供应商企业的所有人员都会被要求签署保密协议，保证从产品图纸到人员管控流程，尤其是产品外观这个苹果的最大秘密，都不能有丝毫泄露。对于人员流动频繁的代工厂来说，苹果要求的保密控制让他们倍感压力。比如，苹果最大的组装工厂富士康为了履行保密协议，就在企业内部实施了严格的等级制度和安检制度。此外，为了追踪生产效率，并确保产品在发布前夕对外保密，苹果还会在部分包装箱内安装电子监视器，使得该公司的总部员工可以追踪代工厂的状况，防止泄密。

在成品出厂运输时，苹果公司的员工还会亲自监督工人将所有成品都放在包装箱内，并监督每一个传送点（码头、机场、卡车、仓库以及分销中心），以确保每台设备不出问题。苹果甚至曾经将产品装在土豆包装箱内运输，以做好产品的保密工作。

一般来说，手机、平板电脑等电子产品在出厂前都会进行黑盒测试。黑盒测试也称功能测试，是指通过测试来检测每项功能是否都能正常使用。在测试中，把程序看作一个不能打开的黑盒子，在完全不考虑程序内部结构和内部特性的情况下，通过程序接口进行测试，它只检查程序功能是否按照需求规格说明书的规定正常使用，程序是否能适当地接收输入数据而产生正确的输出信息。黑盒测试着眼于程序外部结构，不考虑内部逻辑结构，主要针对软件界面和软件功能进行测试。而苹果公司不同，苹果在管理供应商的过程中遵循一个原则，不允许供应商对它产生任何"黑盒"，苹果必须完全控制手机生产的每道环节。在苹果看来，所有元器件对它而言，必须是"白盒"，苹果要了解每一个元器件的来源、研发、生产、测试等过程。

此外，当苹果在索取苹果产品所需的零部件的报价时，会要求厂商提供报价的所有细节信息，包括材料和人工成本估算，以及厂商自身的预估利润。众所周知，随着技术的成熟和市场的变化，电子产品以及元器件的价格也日趋下降。苹果公司每个季度都会根据市场变化，与元器件供应商总结上一季度的合作，并谈判新的价格。所以，苹果产品的成本每个季度都会下降，从而保证苹果手机的利润率。

为了减少苹果和供应商之间的沟通成本，同时保证苹果和供应商能获得准确的信息流，蒂姆·库克还建立了苹果与富士康等零部件供应商共享的关于生产计划和进程的数据库。有了这个数据库，供应商的交货管理人员就不必再等待苹果的通知，而是可以直接在网上获取苹果的最新需求，直接投入生产。同时，生产管理人员也要不断地将交货日程和数量等关键信息传到数据库中,苹果总部的管理人员只要根据关键指标,就能利用数据库的信息对供应商进行管理和评估。这种信息的集成化打破了传统供应链的线性和多层结构,形成了一种端对端、共享、动态的伙伴关系网络,极大地加速了苹果和供应商之间的沟通,使得苹果的供应链具备更大的伸缩性和敏捷性。

正是由于蒂姆·库克采用无缝供应链,让苹果公司渗透到产品上游所有元器件的开发、生产和制造的过程中,才让苹果实现了产品技术始终领先市场两年的奇迹。

可见,不管在何时何地,在干什么,都要认真做好每一个细节,慎防百密一疏。要知道,一个小病毒的入侵就可能使整个企业的信息系统陷于瘫痪,任何对蛛丝马迹的不察,对细枝末节的大意,都可能带来无法弥补的损失。相反,如果对细节足够关注,不仅不会遭受损失,还能获得意外收获,从而让自己的付出更有意义。

第六章

我不在乎市场，只在乎产品体验

> 我们的目标是销售最好的产品，提供最佳的体验，拥有最满意的用户。满意度通常会带来更多的使用量。当你找到自己喜欢的东西时，就会更频繁地使用它。
>
> ——蒂姆·库克

必须避开零售商和经销商，直接了解消费者需求

2001年，苹果第一家零售店在弗吉尼亚州麦克莱恩的泰森购物中心开业。不到5年，苹果的年营业额达到了10亿美元。这个数字上升的神奇速度让其他零售商望尘莫及。但也有零售咨询师不屑一顾，甚至预言苹果零售店"不出两年，就会付出惨痛代价"。然而，苹果依然坚挺地屹立着，并未因这些人的中伤而停止前进的脚步。如今，苹果在全世界已经开了400多家零售店，苹果零售店成了世界上最赚钱的零售店之一。根据苹果2014年第三季度的财报显示，苹果零售店的收入为51亿美元，比2013年增长了15%，每家苹果零售店的平均收入为1190万美元，每家零售店每周迎客超过18000人。

因为造型独特，遍布于世界各地的苹果零售店甚至成了不少地方的地标性建筑，每次新的苹果零售店开业都会成为热议的话题。苹果当前最大的实体零售店是纽约中央车站零售店，占地面积达23000平方英尺（约2173平方米）。而员工人数最多的是纽约第五大道零售店，店中的员工超过300人，大大超出了每家苹果零售店100人的平均标准。

许多客户第一次走进苹果的店面时，最大的感受就是完全不同于其他IT电子产品的店面环境设计。看上去朴实无华的桌架上，各种产品的展示、使用恰到好处；客户购买完毕走出店面时提的购物袋，也制造出一种独一无二的购物体验。

第六章
我不在乎市场，只在乎产品体验

在苹果零售店中，购物是一件让人感到轻松愉快的事。在这里，你不会看到喋喋不休的推销人员。这里让顾客处处感受主人般的体验，而不是处处摆满产品；这里所有的产品都能上网，顾客可以随心所欲地进行网上冲浪，用iPad看电子书，在iPod Touch上玩游戏，或在iPod Nano上听歌；这里有人教顾客学习如何使用软件，顾客可以在Pages（文字处理和页面排版软件）上写文档，在Keynote（幻灯片演示软件）上做演示文稿，在iPhoto（数码照片管理软件）中整理照片，或在GarageBand（数码音乐创作软件）上学习使用乐器。

然而，每当苹果发售新产品的时候，每家苹果零售店前都会提前排起长长的队伍，无论当时的天气是寒冷还是酷热，人们都甘愿在店门前苦苦守候，就是为了能够成为最早用上苹果新产品的人，这样火爆的抢购场面自然也引得各大媒体纷纷报道。

许多人都知道苹果零售店是乔布斯的杰作，却很少有人知道促使乔布斯将这个计划付诸实施的人其实是蒂姆·库克。

在蒂姆·库克加入苹果以前，苹果的销售状况真是一团糟。当时苹果通过"授权零售商"向客户销售电脑，这些零售商虽然为数众多，但各自为战，对苹果产品的推销方式大相径庭，销售人员技能也良莠不齐，无法吸引顾客掏出钱来购买比较贵但有特色的苹果产品。更重要的是，在IBM和康柏等竞争对手的挤压下，苹果的人气迅速下滑，零售商们自然开始减少苹果电脑的存货量，缩小苹果电脑的陈列空间。当时的两大零售连锁店西尔斯百货和电脑美国百货也把苹果电脑看作小众产品，把它们搁置在不显眼的角落里，任苹果电脑上积满灰尘。

乔布斯看到商场里大部分店员既不具备苹果产品的基本知识，也没有意愿去为顾客解释苹果产品的独特性能，而只是关心那50美元的销售提成,深切地感受到:"除非有办法在商店里就把我们的理念传达给顾客,否则我们就完蛋了。"于是,1997年11月,苹果公司开始在网上销售苹果电脑,这是新兴企业戴尔电脑公司在1996年推出的新型销售模式。可惜,苹果的这次"跟风"并没有取得很好的效果,苹果电脑的市场占有率还是在继续下滑。为此,电子产品代理商百思买集团(Best Buy)以销售业绩不佳为由中断了与苹果公司的合作,将苹果电脑下架,这对当时风雨飘摇的苹果公司真是一个巨大的打击。

苹果公司随后与电脑美国百货合作开启了一种"店中店"的模式,就是卖场将一部分空间分割给苹果公司来陈列销售苹果电脑。这种模式在短期内确实为苹果带来了不错的收益,使苹果电脑在美国市场的占有率由3%提升到了14%,但销售人员更关注IBM等热门产品,忽视苹果产品的现状仍旧没有改变。

蒂姆·库克在IBM的时候就负责IBM的PC部门在北美和拉美的制造和分销运作,在电子经销商智能电子公司时也任电脑分销部门的首席运营官,因此,拥有十多年销售经验的蒂姆·库克一加入苹果公司,就立刻明白了苹果公司面临的严峻销售形势,并迅速提出了一个解决方案——坚持由苹果公司自己训练销售人员,并让这些训练有素的销售人员替换经销商门店雇员。其实,蒂姆·库克最希望的是苹果公司建立自己的零售店,但他也明白当时苹果更严峻的危机是供应链臃肿,于是建立苹果零售店的计划只得暂时搁置。

然而,到了2001年4月,一家大型经销商突然中断与苹果的代理合作,造成这一恶果的罪魁祸首则是苹果自己的品牌形象危机。当时有一份关于电脑的调查结果显示,在100名电脑消费者中,有95%的人表示根本不会考虑苹果电脑。被逼得走投无路的苹果不得

第六章

我不在乎市场，只在乎产品体验

不背水一战——在2001年5月下定决心"亲自销售"，于是第一家苹果零售店在弗吉尼亚州麦克莱恩的泰森购物中心开业了：亮白色的柜台、浅色的木地板，店内悬挂着一张巨大的印有"非同凡想"的海报，海报上是约翰·列侬和小野洋子坐在床上。苹果自己的零售店开业带来的结果是出乎那些业内人士之预料的成功，当初捷威计算机商店每周的平均客流量只有250人左右，而苹果零售店在2001年的平均客流量达到了5万人。苹果零售店当年的收入达到12亿美元，并因为突破10亿美元量级而创下了零售业的新纪录。

尽管外界都认为苹果零售店的成功要归功于乔布斯和苹果零售店的设计师罗恩·约翰逊，但乔布斯心里清楚这份荣耀更应该属于蒂姆·库克，因此苹果公司在2001财年给了蒂姆·库克100万美元的特别奖金作为回报，奖金的名义是"特别主管奖金"（A special executive bonus）。然而，蒂姆·库克更大的收获是乔布斯及苹果公司高层们的信任，职位得以进一步提升，开始负责苹果公司在全世界的销售与销售支持业务。

在蒂姆·库克看来，没有比苹果零售店更能了解苹果产品的地方了，也没有比苹果零售店更能直接了解消费者需求的地方了。蒂姆·库克坦言："在店里能了解到很多东西。我原本通过看很多邮件来了解运营情况，不过这跟在店里走一圈，再和顾客聊聊天的感受完全不同。在店里，我能对整个零售店和苹果的形象产生感性的体会。作为管理者，别把自己关起来，这非常重要。"蒂姆·库克在心情不好的时候，也会去苹果店逛一逛，因为在他看来，"它会像百忧解（一种治疗抑郁症的药物）一样让我的心情好起来"。

史玉柱曾经说过："最好的营销老师就是消费者，如果有好的产品、好的营销方式，且营销队伍过硬，就能打开市场。"确实，对于各大企业来说，消费者是天底下最好的老师，并且很慷慨。

摸清"老师"秉性的企业，总是被"老师"厚待，并被回报以丰厚的利润；反之，只能被"老师"拒之门外。蒂姆·库克深知消费者的重要性，所以才能让苹果公司一直深受消费者这位"老师"的厚待。

它们各有不同，但都很卓越

在2013年9月11日的苹果秋季新品发布会上，蒂姆·库克宣布苹果将首次用两款新设计——iPhone 5S和iPhone 5C来替代iPhone 5。

对于苹果为什么会做出这样的改变，蒂姆·库克的解释是："过去我们发布一款新的iPhone产品时，就会降低上一代iPhone产品的售价，使得更多的人能够负担得起iPhone，但是今年我们不会这样做，产品销量越来越大，所以今年我们将用其他产品替代iPhone 5，我们会用不止一款新产品而是两款新设计来替代iPhone 5，这种安排使得我们能够为更多消费者服务。"

和iPhone 5相比，新的iPhone 5S和iPhone 5C在多个方面都有很大的提升：在外观上，不再是iPhone 5的黑白两色，iPhone 5S有灰、白、金3种配色，iPhone 5C则有绿、白、蓝、粉和黄共5种颜色的一体成型的塑料外壳，还有与之相配的6种颜色硅胶保护套；操作系统由iOS 6升级为iOS 7；iPhone 5S的处理器由A6双核处理器升级为64位A7双核处理器和M7协处理器；iPhone 5S新增了每秒10张连拍和720P视频慢镜头拍摄。

第六章
我不在乎市场，只在乎产品体验

然而，尽管和iPhone 5相比，iPhone 5C在性能方面有所提升，但业内人士普遍认为它是iPhone 5的塑料换壳版，因为它的改变只有手机的系统和外观，手机硬件配置还是与iPhone 5一样，例如，屏幕仍是4英寸Retina屏幕，分辨率保持在1136×640像素（像素密度326ppi），搭载A6处理器，配置800万像素主摄像头，190万像素前置摄像头。

面对外界流传的关于"iPhone 5C是iPhone 5S的廉价版"的质疑，蒂姆·库克一再对公众强调："我们从来都没有将开发和销售一款廉价手机当作自己的目标。我们的首要目标是开发和销售一款伟大的手机，并且通过它提供伟大的体验。"

在苹果发布会两天后的《商业周刊》的专访中，记者也对蒂姆·库克表达了同样的疑问："为什么不像以前那样，继续销售老款的iPhone 5呢？为什么要设计一款像5C这样的新产品呢？"

蒂姆·库克的回答是："iPhone业务规模变得越来越大，市场变得越来越大，客户的需求也在不断增长。你知道，人是喜新厌旧的动物，人们总是希望看到不同的东西。我们想让手机变得更普及，对我们来说，它们都是产品，因此我们绝对不会说'我永远也不会销售一款低于那个档次的手机'这样的话。我们不像那样看问题。我们会说'让我们来想想怎么才能开发出一款伟大的产品'。如果那款伟大的产品能够以更低的价格来销售，那我们就以更低的价格去销售它。"

蒂姆·库克举了iPod的例子来说明这一点："你可以回想一下iPod的发展历程，一开始它只是一款被我们称为iPod的产品，随后我们将它称作iPod Classic，但是我们因此扩大了iPod业务的规模。这不是因为价格推动的，'我们需要推出一款售价为99美元的新产品，剩下的工作就是我们怎样来实现它'。它是一款伟大的产品，为消费者带来了绝佳的体验。**每一款机型都独具特色，与众不同，因为它们是为不同的客户群服务的，满足的是客户不同的需求。它也许会提供一种不同的体验，但是从内心来说，它仍然是一款伟大的产品。**我们一直在这样做，结果是我们的产品价位覆盖了从49美元到400美元这个区间。注意，这是结果而不是我们的目的。"

在蒂姆·库克看来，iPhone 4也是苹果创造的一款伟大的产品，而且苹果已经利用iPhone 4取得了无与伦比的成功，因此他觉得iPhone也可以像iPod一样，推出一款伟大的、能够满足不同消费者并且售价更低的新产品，这样苹果就能让智能手机更加普及，增加苹果用户的数量。

尽管蒂姆·库克在宣布推出iPhone 5S和iPhone 5C时，同时宣布停止销售iPhone 4和iPhone 5，但iPhone 4S还在销售，而且iPhone 4S在很多国家都是免费提供的。在运营商提供补贴的国家，iPhone 4S的价格甚至比5C更有吸引力。这样，苹果同时销售的智能手机就有3款了，分别是iPhone 4S、iPhone 5C和iPhone 5S，这就实现了蒂姆·库克所说的"我们可以为很多消费者服务，让更多的消费者获得iPhone体验"。

然而，尽管蒂姆·库克一再表示"我们不会在这个垃圾领域中开展业务"，相比去抢占低端市场，苹果更愿意继续将注意力集中在"能真正用产品帮助人们实现很多功能的细分市场上"，但人们还是倾向将iPhone 5C看作iPhone 5S的廉价版，iPhone 5C的销量也远远比不上iPhone 5S的销量。

2014年1月，廉价市场研究机构CIRP公布了他们对美国市场iPhone销量的调查报告，报告显示，在2013年第四季度，iPhone 5S的销量占iPhone总销售量的59%，iPhone 5C和iPhone 4S的销量占比分别为27%和14%。iPhone 5S的销售表现可谓相当出色，因为在

第六章
我不在乎市场，只在乎产品体验

2012年第四季度，iPhone 5的销量占美国市场iPhone总销售的50%，iPhone 4S和iPhone 4的销量占比分别为32%和18%。iPhone 5C的销售表现就显得不尽如人意了，因为处于相同位置的iPhone 4S在一年前的销售占比为32%，而iPhone 5C的销售占比只有27%，很明显，iPhone 5C的性价比并没有满足用户预期。

在苹果2014财年第一季度财报会议上，蒂姆·库克也不得不承认：iPhone 5C的销量没有达到他们的预期。但蒂姆·库克并不认为同时推出不同款的iPhone是个错误的决定，因此他在2014年9月10日的苹果新品发布会上，又宣布苹果推出两款新的iPhone——iPhone 6和iPhone 6 Plus。这一次蒂姆·库克吸取了iPhone 5C的教训，不再计划以更低的价格来实现"为更多的人服务"的理想，而是让两款新iPhone在性能方面保持一致的高水准，仅仅是在屏幕尺寸大小上有所区分。

新iPhone推出后，仅3天时间就卖出了1000万部，这个数字打破了苹果前一年以iPhone 5S、iPhone 5C创下的900万部纪录。由于iPhone 6和iPhone 6 Plus的热销，这两款设备在全球各地的供货都非常紧张，尤其是iPhone 6 Plus。

据移动广告公司APP Lovin发布的2014年11月数据报告显示，发售45天后，iPhone 6与iPhone 6 Plus的销量对比在4∶1左右，欧洲、北美和澳大利亚等地的用户更倾向于选择iPhone 6，亚洲地区的用户却更青睐iPhone 6 Plus大屏手机。这一切其实都是蒂姆·库克的战略安排，结果也正如他所料。

在蒂姆·库克看来，苹果以前只有一款伟大的产品，现在却能够同时开发出两款伟大的产品了，这是一种巨大的变化，这种变化也将引领苹果走向更大的成功。

产品质量与其美誉度呈正比例发展关系，质量每提高1%，美誉度就提升0.5%。而产品美誉度又和品牌形象有着密切联系，美誉度每提高0.5%，品牌形象就提升1%。品牌形象与销售量也有着直接关系，品牌形象每提高1%，销售量就提升0.5%。依次推演，当质量提高1%时，美誉度提高了0.5%，品牌形象提高了1%，销售量提高了0.5%。

美国一家咨询机构的研究表明，消费者对行业内的产品质量排序，关系到企业的投资回报率。当一家企业的产品质量排在15位之前，其税前投资回报率平均为32%；当一家企业的产品质量排在15位之后，其税前投资回报率平均仅为14%。

美国盖洛普商业调查公司曾做过一项民意测验，调查"你愿意为质量额外支付多少钱"。其结果甚至使那些委托进行调查的人都感到吃惊："大多数用户只要产品质量满意，就愿意多花钱。"较高的质量直接带来了较高的顾客忠诚度，同时也支撑了较高的价格和较低的成本，并能减少顾客的流失和吸引到更多的新顾客。如果说20世纪是生产率的世纪，那么21世纪就是质量的世纪，质量是一家企业占领市场最有效的武器。所以企业不能只把数量作为衡量业绩好坏的标准，而必须把质量提升到第一位，只有好的质量才能真正产生效益，单纯地追求数量最终只能导致资源的浪费。

第六章
我不在乎市场，只在乎产品体验

将硬件、软件和服务无缝整合，从而做更多事情

2014年1月30日，谷歌宣布将摩托罗拉移动以29.1亿美元出售给联想。对此，谷歌公司CEO拉里·佩奇的解释是："我们在2012年收购摩托罗拉，希望为谷歌创造一个更加强劲的专利组合，并为用户带来优秀的智能手机，从而进一步加强安卓生态系统……智能手机市场的竞争非常激烈，要繁荣发展就必须全心全意地投入。这正是为什么在联想的支持下，摩托罗拉将获得更好的发展，前者是一项快速增长的智能手机业务并且是全球最大（和发展最快）的PC生产商。这笔交易将使谷歌有精力投入推动整个安卓生态系统的创新中，从而使全球智能手机用户受惠。"

苹果是谷歌的强大竞争对手，身为苹果CEO的蒂姆·库克自然明白这笔交易其实是谷歌的无奈之举，正如他在接受《华尔街日报》采访时说的那样："我并不感到意外。这看起来是个合乎逻辑的交易。谷歌摆脱了赔钱的业务，他们也没有真正投入手机业务。我认为，做硬件、软件、服务并把这些东西整合到一起很难。这也正是苹果如此特别的原因。这真的很难，所以说，如果他们选择不做了，我并不感到意外。"

确实，苹果公司的一个巨大优势就是各类资源的整合，从设计、硬件、软件直到内容。iPod和iTunes之所以能取得巨大的成功，改变整个音乐界，就是因为乔布斯很好地进行了音乐资源的整

合，使音乐产品以更轻松的方式进入了人们的生活。当然，这也为苹果公司带来了一次巨大的发展机遇。

而在紧随其后出现的iPad中，乔布斯对出版资源进行了整合，这又为苹果公司带来了更大的发展空间。乔布斯还提出了"数字中枢"的理念：你的电脑将成为日常生活中的多种电子设备如音乐播放器、摄像机、移动电话和平板电脑等电子产品的"数字中枢"。或许乔布斯的话能让你更明白，他的原话是："我们要成为管理你与'云端'之间关系的公司——从'云端'中流畅地播放你的音乐和视频，存储你的图片和信息，甚至包括你的医疗数据。苹果率先认识到你的计算机会成为一个数字中枢。因此我们编写了这些应用——iPhoto、iMovie、iTunes——并将它们与我们的设备整合在一起，例如iPod、iPhone和iPad，效果棒极了。但是在接下来的几年间，这个中枢将从你的计算机转移到'云端'。因此这是同一个数字中枢策略，但是中枢的位置变了。这意味着你总是能访问你的内容而且不必再同步。"

这种理念与苹果创造简单易用的端到端一体化产品的能力相契合，因此它使得苹果公司很快从一家高端小众计算机公司转变为全球最有价值的科技公司。**"看看我们的伟大成品，有很多，但有一件事我认为是其他人比不了的，那就是硬件、软件和服务的整合程度。消费者在意的就是非凡的体验。"** 身为乔布斯继任者的蒂姆·库克自然深刻地认识到了这一点，他也希望能继续带领苹果将硬件、软件和服务无缝整合起来，从而做更多事情。但同时，他也清醒地认识到："（科技企业）真正不可思议的应该是硬件、软件和服务的交融，而这些不可能一蹴而就，需要花费数十年的精力来打造。"

第六章
我不在乎市场，只在乎产品体验

从乔布斯手中接过苹果公司的执掌大权后，蒂姆·库克就一直致力于将硬件、软件和服务进行无缝整合，从而建立一个完美的苹果生态系统。苹果公司2014年9月10日的产品发布会的展示重点其实并不是苹果当时推出的一系列新产品——4.7英寸的iPhone 6、5.5英寸的iPhone 6 Plus、智能手表Apple Watch这3款硬件和移动支付平台Apple Pay，而是将自身的产品线、应用开发者、硬件厂商和服务供应商整合在一起的生态系统，这个系统已经可以深入用户生活和工作的各个角落，并可以随时随地与其进行交互，而这才是苹果真正的目标。

蒂姆·库克在2014年苹果产品发布会上介绍新款iPhone时曾说："我们的产品并不仅仅拥有丰富的功能，产品与产品之间也是可以进行协同工作的。"事实也正是如此，苹果如今的产品线已经完全能够为客户带来整体划一的"苹果式"体验。

2014年的苹果新品发布会完全暴露了苹果试图全面"入侵"用户生活和工作的"野心"。由新款iPhone、智能手表Apple Watch、移动支付平台Apple Pay、智能家居平台HomeKit、健康管理平台HealthKit、室内数据传输技术iBeacon和智能车载系统CarPlay等产品来看，苹果正在打造一个电脑无处不在的世界，这将会对人类社会产生极其深远的影响。

仔细观察苹果公司的产品，你就会发现它们其实就是一个能放在口袋里的电脑，一个能戴在手上的电脑，一个能用来充当支付手段的电脑，一个能帮你打开房门的电脑，一个能监测你的运动状态并且记录你的睡眠状态、心率、行走步数和消耗热量的电脑，一个能控制家中所有智能家电的电脑，一个能告诉你在何处停车的能整合到汽车上的电脑，等等。最后，上述所有的电脑都能够通过位于云端的平台联系起来，于是你的口袋、手腕、汽车、办公室和家就被整合成一个有机的整体。这就是蒂姆·库克所描述的"多设备协同工作"的理想状态。有人曾比喻苹果的生态系统像个"沼泽"，我们与其交互得越多，就会"陷"得越深，对这个系统的依赖性就会越强，不过幸运的是，从目前的情况来看，苹果是一个非常招人喜爱的"沼泽"。

使看似困难的事情变得容易，使实际收益远远超过预期收益，这就是资源整合的力量。所谓资源整合，就是指企业对不同来源、不同层次、不同结构、不同内容的资源进行识别与选择、汲取与配置、激活和有机融合，使其具有较强的柔性、条理性、系统性和价值性，并创造出新的资源的一个复杂的动态过程。资源整合的唯一目的是使企业获得最大的经济利益。资源整合是企业战略选择的必然手段，是企业管理者日常进行的工作之一。

任何一家企业的资源都是有限的，但在整合的思维下，有限的资源能够衍生无穷，因此每一家企业都应该成为资源整合的行家。

现代管理学之父德鲁克认为，管理的作用在于对企业的成果和绩效加以定义，任何有此种经验的人都可以体会到，这是一个最困难、最有争议，同时也最重要的任务。因此，管理的首要功能就在于整合企业的各项资源以获得存在于企业外部的成果。

资源整合通常有战略和战术两个方面的含义。在战略层面上，资源整合反映的是系统的思维方式，就是要通过组织和协调，把企业内部彼此相关却彼此分离的职能，把企业外部既参与共同的使命又拥有独立经济利益的合作伙伴整合成一个为客户服务的系统，取得1+1＞2的效果。在战术层面上，资源整合是对各项资源进行优化

第六章
我不在乎市场，只在乎产品体验

配置的行为，就是根据企业的发展战略和市场需求对有关的资源进行重新配置，以凸显企业的核心竞争力，并寻求资源配置与客户需求的最佳结合点。资源整合是一项复杂的系统工程，只有我们勤于思考、善于发现，资源才会层出不穷，这是确保资源整合实现并取得实效的首要前提。

第七章

错了就认错，并且有改正的勇气

> 我们所有人都有同样的价值观，我们想要做正确的事情，要保持诚实与直率。犯错时，我们会勇敢承认，并有勇气改正错误。
> ——蒂姆·库克

苹果将继续改善苹果地图，
直到它称得上是世界级产品为止

2012年9月28日，苹果公司的官网上突然出现了一封由苹果公司CEO蒂姆·库克亲自书写的道歉信。

"在苹果，我们竭尽全力地开发世界级产品，尽可能地为我们的用户提供最棒的体验。但是在上周我们发布的新的地图服务中，我们发现这种承诺履行得不够完善。我们为苹果地图服务给用户带来如此巨大的失望而深感歉意，我们正在采取力所能及的一切措施让地图服务变得更好。

"我们一开始在第一版iOS中就发布过地图服务。随着时间的推移，我们希望为用户们提供更好的地图服务，这种更优质的地图服务应该包括更强大的功能，比如逐向导航、语音导航、立交桥标示和矢量地图等。为了实现这个目标，我们必须从头开始开发一款全新版本的地图服务。

"截止到目前，已有超过1亿iOS设备使用新的苹果地图服务，每天还有更多的用户加入。就在过去的一周，使用苹果新地图服务的iOS用户已经搜索了将近5亿个地点。我们的用户使用苹果地图服务的次数越多，我们的地图就能够越完善。我们非常感谢用户提供给我们的反馈信息。

"虽然我们正在不断完善地图服务，但你们也可以尝试使用其他的替代产品，比如，你们可以从APP Store下载其他的地图应用，

第七章
错了就认错,并且有改正的勇气

或者访问谷歌或诺基亚的网站去使用它们提供的地图服务,同时还可以在主屏幕上创建相应的地图应用图标。"

蒂姆·库克曾经保证:"我们在苹果所做的一切,都是为了让我们的产品成为世界上最好的产品。我们知道,你们对苹果有着很高的期望,在此我向各位保证:苹果将继续改善苹果地图,直到它称得上是一款世界级产品为止。"

坦然承认自己的错误,这是乔布斯时代的苹果公司绝对不可能发生的事情,但蒂姆·库克代表苹果公司这样做了,甚至他还推荐用户使用苹果公司竞争对手的地图产品来替代苹果地图。

蒂姆·库克为什么要道歉?原来当苹果用户更新iOS 6系统后,发现苹果的新系统中剔除了原本的谷歌地图,代以苹果自家的地图应用,可惜苹果地图细节内容缺失,3D视图功能又畸变严重,导航甚至会出现错误,因此就遭到用户的强烈抵制。在用户对苹果的新地图应用软件进行了一个多星期的抱怨和调侃之后,身为苹果CEO的蒂姆·库克决定就新地图应用的种种差错向顾客道歉,于是才有了上面那封言辞恳切的道歉信。蒂姆·库克的道歉信,使苹果"地图门"事件暂时画上句号。

在蒂姆·库克看来,尽管"很多人,尤其是CEO或者其他高管,他们总是固执己见,拒绝或者根本没有勇气承认自己的失误",但他自己则认为敢于认错并且改变自己的想法是一种非常宝贵的品格。很明显,蒂姆·库克本人是拥有这种高贵的品格的,他不仅多次在公开场合坦承苹果地图的失误,还为修正这个错误做出了不懈的努力。

2012年12月6日,当蒂姆·库克做客NBC电视台主持人布莱恩·威廉姆森主持的电视节目时,就很坦然地和主持人布莱恩谈到了苹果地图的失误。

布莱恩："地图应用带来的挫折有多大？"

蒂姆·库克："这个应用没有满足我们消费者的期望，而我们自己对产品的期望往往比消费者还要高。总之，我们搞砸了。"

布莱恩："接着你就解雇了两名负责人。"

蒂姆·库克："是的，毕竟我们把事情搞砸了。我们整个公司正在努力修正这个失误。"

是的，蒂姆·库克修正错误的第一个举动就是解雇了不愿意为苹果地图的糟糕表现向用户道歉的斯科特·福斯托尔。

苹果公司2013年第一季度财报的电话会议上，蒂姆·库克也没有忘记对苹果地图做总结："目前我们针对苹果的地图系统已经做了大量的改进，并将在接下来的时间内不断地完善。原因很简单，大家都不想看到因为地图的原因而导致约会迟到。我们将继续致力于提高它（苹果地图）的用户体验，并最终会将其提升到一个非常完美的水平。"

为了更好地解决苹果地图的商户列表报告信息不实或数据缺失等问题，蒂姆·库克不得不专门为苹果公司招募了一些员工来确认企业数据的真实性——苹果公司在全球至少7个地区招聘了地图地面实况经理（Maps Ground Truth Manager）等人才，地图地面实况经理将负责带领团队测试最新发布的地图数据，收集最新的地理位置信息以及对竞争对手的产品进行测试。

苹果公司还针对苹果地图推出了大量更新程序，为数百个城市提供更精确的地图信息，为法国、英国、德国等国家提供高质量卫星图像，扩大互动式3D地图覆盖范围，为巴塞罗那、罗马、哥本哈根、都柏林等12个城市提供逐向导航功能等。

此外，苹果公司还于2014年10月22日推出了一项名为"苹果地图连接"的服务，通过众包模式让企业主自行验证和提交与自己的

第七章
错了就认错，并且有改正的勇气

企业有关的信息——除了常见的地址、电话号码和地理位置外，企业还可以增加官方网站、脸书主页和推特主页等网址信息。苹果公司的这项服务对于那些针对不同地区的店面设计了不同主页的公司来说，确实非常有用。

还有消息称，苹果已经制订了一个宏大的计划，打算利用全球海量用户手中的iPhone，以及实体建筑内分布的iBeacon硬件设备，进行室内地图绘制工作。在业内人士看来，利用iBeacon进行室内地图绘制，使得苹果有了在室内地图上反超谷歌的可能。而且，室内地图直接关系到大型购物中心和场所中的店铺，可以给商户或是苹果带来收入。根据苹果收购室内地图公司WiFi SLAM和公共交通制图公司Embark的动作来看，这个消息不像是空穴来风。

还有媒体根据苹果公司在2013年9月一则招聘"地图网络开发者"的启事，猜测苹果公司有将地图服务向网页端发展的趋势。假如苹果能够推出网页版苹果地图服务，将有助于吸引更多的用户使用苹果地图，对开发者来说也是一个新的机会。

2014年11月20日，为了进一步完善旗下的地图服务，蒂姆·库克又宣布苹果公司将会与10家新的数据供应商合作。此前为了获得地图数据，苹果公司已经与全球高端导航领导品牌TomTom以及其他室内地图数据的供应商合作。此外，苹果公司还收购了多家与公共交通数据、室内地图数据相关的公司，包括综合大型地图公司BroadMap，这一切都证明蒂姆·库克确实努力想要兑现他的那个承诺——"苹果将继续改善苹果地图，直到它可以称得上是一款世界级产品为止"。

人的本性就是趋利避害，所以当我们犯下错误时，本能的反应就是掩饰或者辩解，而这往往只会欲盖弥彰。错误一旦犯下，就像射出去的箭，不可能回头，理性的选择是自己拔出心口的刺，而不是任它在心口腐烂，与其最后被别人揭下面具，不如自己揭去，后者失去的是面具，前者失去的则是人格。只有意识到并承认自己的错误，你才能走得更远。

  罗马皇帝马可·奥勒留在《沉思录》中非常智慧地告诉我们，那些保留错误的人会因此受到伤害。如果有人指出我们的错误，我们一定要注意具体问题具体分析，仔细地思考这个说法是否正确，如果是正确的，我们就得赶紧掉头，不要固执地一条道走到黑。不过度偏执，不钻牛角尖，理智地分析、采纳别人的意见，适当地改变自己，在很多时候都是有必要的。对于企业来说，要想谋得长久发展，更需要清醒地认识到自己的错误，并积极做出改变。

我不会也从未对苹果的供应链问题坐视不管

  苹果公司是典型的品牌输出企业，负责创意和设计，产品制造由供应商提供。从一些公开的产品拆解报告和产业分析文献中可以看到，苹果公司的供应商遍布全球，分布在中国台湾地区和美国、韩国、德国等地，在中国大陆主要是台资企业的生产基地，最后主要由富士康组装成机。

  2011年，蒂姆·库克从乔布斯的手中接过苹果公司CEO这个职位不久，《纽约时报》的一篇报道将苹果推入了舆论旋涡，引发外界对苹果代工工厂工作环境的广泛质疑。这篇报道揭露了富士康的很多问题，包括超时加班、雇用童工，以及一些可能致命的问

第七章
错了就认错，并且有改正的勇气

题——如让工人使用有毒化学品清洁iPhone屏幕，工厂发生过爆炸导致人员伤亡，等等。一时间苹果公司备受指责，约有25万人在网上联名要求苹果公司改善工人的待遇和环境。

与乔布斯很少提到富士康相比，蒂姆·库克选择了截然不同的处理方式：直面"风暴"。他先是严厉地批评了代工工厂恶劣的工作环境、过低的薪水和暴力行为，并承诺"我们不会也从未对我们的供应链问题坐视不管或视而不见，任何关于公司不关心员工疾苦的说法都是明显错误的"。紧接着，他亲自前往中国参观了富士康在中国内地的生产车间，并反常地加入美国公平劳工协会（FLA），开始与之合作审查富士康的用工情况。

在与蒂姆·库克洽谈后，富士康方面公开宣布：到2013年7月，所有工人每周的工作时间都不会超过法律规定的49小时。在此之前，一些富士康员工每周的工作时间甚至接近100小时。富士康还承诺给工人加薪，防止因为工作时间缩短而导致薪水减少，这相当于给很多工人加薪50%。

在面对《纽约时报》关于苹果代工工厂工作环境问题的询问时，蒂姆·库克坚定地表示：

"一直以来，苹果都非常看重工厂的工作环境。我们的目标是保护、稳定、改善参与组装任何一件苹果产品的工人的生活。在同等领域之内，没有哪一家企业能够像我们这样关心工人，像我们这样做到与底层多次接触。我们通过世界顶级专家的协助和自身的多年努力实践，已经建立起一套完整的工作车间、工人宿舍、安全标准体系。与此同时，我们还为工人建立了独树一帜的教育项目。

"从2008年至今（2011年），已经有超过20万名工人享受到苹果提供的免费课程，包括大学级别的教育，超过100万名员工受益于我们的培训项目。我们认为，无论是哪家工厂的工人都应该在一个安全及公平的环境里工作，他们理应拿到令自己满意的薪水，同时可以自由地对工作环境提出意见和建议。部件供应商如果想要与苹果展开合作，他们对待工人的态度也需要和我们一样。"

事实确实如蒂姆·库克所说，苹果早在2006年就已经开始公开发布对于自己的主要供应商内部工人工作环境的报告。在《纽约时报》引发公众对苹果代工工厂工作环境的广泛质疑后，从2012年开始，苹果又开始每年发布自己的主要供应商的名单、地点，以及当中主要代工工厂生产的产品内容的报告和部分代工工厂工人工时等信息的披露。

2012年2月，当苹果CEO蒂姆·库克首次出席高盛公司技术和互联网大会时，也不可避免地被高盛分析师比尔·肖普问及苹果代工工厂工作环境的问题："关于苹果与供应链及其工人的关系，有什么是投资者应该知道的吗？"

这一次，蒂姆·库克再次申明了苹果对工人工作环境的重视："我要告诉大家，长期以来，苹果都非常认真对待工作环境问题。无论是苹果在欧洲、亚洲或美国的工人，我们都十分关注。"同时，蒂姆·库克还详尽地阐述了苹果公司在这一方面所做出的种种努力。

蒂姆·库克认为，苹果与制造工厂的关系非常密切，因此苹果必须对工厂工作环境的细微之处都了如指掌。为了更好地掌控苹果的供应链，蒂姆·库克私底下也花了大量时间在工厂，比如，他就曾在富士康工厂——亚拉巴马州的一家造纸厂和弗吉尼亚的一家铝厂工作过。苹果许多高层管理人员也会定期视察这些工厂，同时蒂姆·库克还安排了数百名苹果职员待在这些工厂，集中解决最困难的问题，直到问题解决才离开。

第七章
错了就认错，并且有改正的勇气

蒂姆·库克清楚地知道，供应链是复杂的，与供应链有关的问题也是复杂的。但他还是认为苹果应该明确地承诺，每一位工人都有权在公平、安全的环境中工作，不被歧视。在这里，他们可以互相竞争，获得与劳动付出相应的报酬。他们也可以畅通无阻地提出自己的问题。苹果供应商必须做到这些才可与苹果合作。

在蒂姆·库克看来，教育是最好的平衡器，如果工人们能增强他们的技能和知识，就能改善自己的生活条件。因此，蒂姆·库克决定让苹果公司努力给供应商提供工人教育资源，为供应链上的许多工厂提供免费的课程。对于那些渴望通过工作改善生活的工人来说，这是一个十分不错的机会。

蒂姆·库克还决定将苹果公司正在解决的问题的详细报告发布在苹果官网上，以便人们随时知晓苹果公司在这方面的努力。蒂姆·库克认为："在科技行业，没有哪家公司能比苹果更致力于改善工作环境。我们不断深入供应链，调查各家工厂，查找问题并解决问题。我们将这些细节公之于世，是因为我们明白，在这些方面，保持透明非常重要。"

尽管苹果的供应链极少有雇用童工的现象，但蒂姆·库克仍坚决表明了苹果在这方面的态度："雇用童工是十分可憎的行为……我们以前一直致力于在组装环节解决这个问题，现在会扩大至供应链。如果我们发现供应商故意雇用童工，我们会认为这是一种赤裸裸的冒犯行为。"

对于工作安全问题，蒂姆·库克则表示："我们不容许任何人存有侥幸心理。"如果安全出现问题，苹果将运用最佳的解决方式，设立新的标准，然后应用到供应链其他工厂。在工作安全方面，苹果公司不会放过任何细节。"如果一家工厂的餐厅缺失了灭火器，那么这家工厂就无法通过我们的审查。"蒂姆·库克说。

工作超时其实是许多行业普遍存在的问题，尽管苹果的行为准则规定每周最多只能工作60小时，但仍有不少工厂的工作时长超出苹果的规定。在《纽约时报》曝光富士康工人超时加班问题后，蒂姆·库克觉得是时候全面改变工作超时现象，从宏观基础管理工作时间了。苹果公司每月在官网公布代工工厂工人每周工作时长数据，做到对所有人透明，这是苹果前所未有的举措。苹果的这个举措一出，绝大多数苹果代工工厂都做到了遵循苹果公司的规定，工作超时情况比以前有了很大的改善。但蒂姆·库克认为苹果可以做得更好，因为他深知"人们对苹果给予很高的期望，我们对自己也设立了更高的期望。消费者希望我们领先行业标准，我们也将继续努力。我们有幸拥有世上最聪明和最富创新力的人才。我们将继续努力，加大精力投入，像对待新产品开发那样关注供应商责任"。

随着市场竞争的不断加剧，想要发展壮大的企业，应该越来越注重企业人性化管理与感情投资，致力于将公司建设成为员工温馨的家园，为员工创造良好的生活及工作环境，提高优质化服务水平，从而以良好的工作环境与生活福利提高公司的凝聚力、向心力与竞争力。蒂姆·库克正是深知这一点，并真正努力为苹果的员工创造有助于提高员工幸福度的工作环境，才激发出了苹果员工创造伟大产品的激情。

出色的用户体验，不应以牺牲用户的隐私为代价

2014年9月1日，有外国黑客疑利用苹果公司的iCloud云系统（iCloud是苹果公司提供的云端服务，可以存放照片、音乐和短信等信息并推送到用户所有苹果设备上）的漏洞，非法盗取了包括奥斯卡影后詹尼弗·劳伦斯在内的多位好莱坞明星的裸照，继而在网络论坛发布，在苹果用户中引起了极大的恐慌。

苹果公司很快在9月2日进行了回应："获知信息被盗取，我们非常恼火，立即调动苹果工程师调查（泄露）源头。公司技术人员经过40小时调查后确认，黑客并没有直接进入iCloud等存储服务系统，而是侵入明星个人账户，从而窃走照片。我们已经发现，某些名人账户（安全性）受到损害，用户的用户名、密码和安全问题受到非常有针对性的攻击，这是网络上常见的手段。"同时，苹果公司呼吁苹果用户采取更安全的密码，强化个人账户安全。

然而，尽管事后证明苹果的在线服务并没有出现大范围的数据泄露现象，但苹果公司保护用户隐私信息的能力还是首次受到了外界的公开质疑。为了更好更快地化解好莱坞明星"艳照门"引发的信任危机，蒂姆·库克决定亲自对广大苹果用户做出承诺。于是，2014年9月18日，蒂姆·库克的一封公开信——《蒂姆·库克阐述苹果公司对个人隐私的承诺》出现在了苹果公司的官网上。

对于发布这封公开信的原因，蒂姆·库克的解释是："我们发

布这封公开信,是为了说明我们如何处理你的个人信息,我们会收集和不会收集哪些信息,以及其中的原因。我们将确保让你能至少每年一次于本网站获得有关苹果公司隐私政策的更新,并及时获悉我们政策的重大变化。"

在公开信的开头,蒂姆·库克就明确地表示:"在苹果公司,你的信任对我们而言意味着一切。正因为如此,我们尊重你的隐私,并使用强大的加密技术来保护它们,更以严格的政策来管理所有数据的处理方式。"

在蒂姆·库克看来,安全和隐私是苹果设计所有硬件、软件与服务的基础,这其中不仅包括iCloud,还有Apple Pay等新服务。同时,苹果还在对它们进行持续不断的改进与完善。蒂姆·库克还在信中鼓励所有苹果用户使用两步式验证,这样不仅能保护用户的个人账户信息,还能保护用户在iCloud上存储与更新的所有数据。

蒂姆·库克在信中明确表示,苹果的每款产品的设计都遵循一个准则,那就是:只要是关乎用户个人信息的事,苹果都会事先如实告知用户,并在用户与苹果共享它们之前征得用户的许可。当苹果请求使用用户的数据时,其目的只有一个,那就是为用户提供更好的用户体验。当然,如果用户之后改变了主意,苹果也能让用户轻松停止与苹果的共享。

阿里巴巴创始人马云曾经说过:"我自己也喜欢用免费的东西,但免费的往往是最贵的。"对于这一点,蒂姆·库克也深有体会,但他并不认同这样的产品理念。正如他所说的:"几年以前,**使用互联网服务的用户开始意识到,当一项在线服务免费时,你就**

第七章
错了就认错，并且有改正的勇气

不再是消费者，反而成为被消费的对象。但在苹果公司，我们坚信出色的用户体验，不应以牺牲你的隐私为代价。"

蒂姆·库克认为，苹果的商业模式只有一个，那就是销售出色的产品。"我们软件和服务的设计初衷，是让我们的设备更为出色。一切就这么简单。"蒂姆·库克这样说。因此苹果不会根据用户的电子邮件内容或网页浏览习惯来建立档案，然后出售给广告商；也不会利用用户存放在iPhone或iCloud上的信息来赚钱；更不会读取用户的电子邮件或信息，从中获取资料来向用户推销相关商品。

当然，蒂姆·库克也不否认苹果有一部分业务是服务于广告商的，那就是iAd（苹果移动广告系统）。但蒂姆·库克认为，"我们之所以打造广告宣传网络，是因为某些APP开发者需要依靠这种商业模式，而我们希望为其提供与iTunes Radio免费服务相同的支持。"同时，蒂姆·库克也郑重承诺："iAd遵守与其他所有苹果产品完全相同的隐私政策。它不会从家居平台、地图、Siri、短信、通话历史记录，或通讯录及邮件等任何iCloud服务中获取数据，而且你随时可以全部关闭此功能。"

此外，蒂姆·库克还在公开信中想要彻底澄清一点："我们从未与任何国家的任何政府机构就任何产品或服务建立过所谓的'后门'。我们也从未开放过我们的服务器，并且永远不会。"尽管美国执法部门对苹果加密iPhone数据的行为进行批评，但蒂姆·库克坚持一点："我认为，如果执法部门想要什么东西，应该直接找用户要，这不是我的职责。"

在公开信的最后，蒂姆·库克再次强调苹果公司对用户个人隐私的重视："我们对保护个人隐私的承诺，源于对消费者深深的尊重。我们知道，获得你的信任并非易事。也正因为如此，我们才一如既往地全力以赴，来赢得并保持这份信任。"

同时，苹果公司官网还推出了关于用户隐私的专属网页，从隐私保护、隐私管理、如何处理来自政府的信息请求三个方面详细阐述了苹果是如何保护用户隐私的，以进一步消除外界对苹果系统的质疑。

在2014年苹果公司推出的新产品Apple Pay和Apple Watch中，蒂姆·库克同样做好了保护用户隐私的措施。Apple Pay虽然是一项支付服务，但苹果不会在设备或服务器上存储任何支付信息，它只是在商户与银行之前搭建一座桥梁。正如蒂姆·库克所说："我们并不像大多数人认为的那样想知道你要买什么、你要在哪儿买、你要花多少钱这样的信息，我们不在乎。"而Apple Watch虽然具备健康追踪功能，但是苹果禁止应用开发人员在云服务器上存储任何健康信息，苹果手表在设备上记录的所有健康信息都会进行加密处理，用户有权决定哪些应用可以读取这些数据。

在蒂姆·库克看来，苹果与亚马逊、谷歌等依靠追踪用户活动投放广告和销售商品的公司不同，苹果的主要收入来源仍然是硬件销售，因此苹果完全没有必要收集用户的隐私信息——苹果公司不会查看用户的搜索记录，也不会阅读用户的邮件，更不会追踪他们家里的温度和他们的购买记录。苹果公司设计产品时不会故意留下"后门"，因为蒂姆·库克认为黑客同样也会利用这些漏洞。

现代管理学之父德鲁克曾说："什么是企业，这是由顾客决定的。只有当顾客愿意购买你的商品与服务时，企业才能把经济资源

第七章
错了就认错，并且有改正的勇气

转为财富。"可见，只有拥有顾客才能救活企业，而只有站在顾客的角度，才能拥有顾客。蒂姆·库克之所以能带领苹果延续乔布斯时代的辉煌，就是因为他凡事都站在顾客的角度思考问题，研发任何一个产品都秉持一个原则：出色的用户体验，不应以牺牲用户的隐私为代价。

# 第八章

尽我所能，打造一个更美好的世界

> 更美好，一个充满力量的表达，一个充满力量的理想，它让我们用心审视这个世界，迫不及待地想将它变得更美好。创新、改进、重新创造，只为让一切变得更美好，这个理念已深深融入我们的DNA中。
>
> ——蒂姆·库克

在社会责任方面，我会保持百分之百的透明

2014年10月22日，蒂姆·库克在与清华大学经管学院院长钱颖一进行"巅峰对话"时，曾说道："企业同人一样，也是有灵魂的。我不知道您怎么想，但是我不愿意在一家没有灵魂的公司工作。我希望我工作的公司能够有所追求。我们主要是通过产品来给我们的用户创造更好的体验，但是我们也希望作为一个大公司能够承担起相应的社会责任。"

蒂姆·库克认为，对企业责任问题保持高度关注，并且注重用户体验效果，是如今苹果的主要信条之一。他承认，在以前的苹果，"我们要保持沉默，什么都不能说，只能讨论已经完成的事情"。但如今他发现，在社会责任方面，苹果以前的这种模式无法奏效，正如他所说："我们认识到，自己需要在产品和路线图这个方面超级保密；但在其他领域，我们将会变得完全透明，从而可以做出最大的改变。"所以，他做了一个决定——"我会保持百分之百的透明"。

更重要的是，蒂姆·库克看到了"保持百分之百的透明"将对社会做出的改变。蒂姆·库克曾说："**我们越是透明，公共空间就会变得越加透明；公共空间变得越加透明，就会有越多其他公司决定去做类似的事情，这样做的人越多，所有事情就都会变得越好。**"

在2012年5月的一次会议上，蒂姆·库克在宣称苹果"将加强

第八章
尽我所能，打造一个更美好的世界

产品保密性"时，就特别补充说道："我们还要重视另外一件事情，成为全球最透明的企业，包括社会变革、供应商责任和环境影响等方面。之所以要在这些方面做到最透明，是因为我们认为透明对这些领域意义非凡。如果我们这样做了，其他企业也会效仿这种做法。"

蒂姆·库克认为，苹果需要在供应链责任和环境保护这两个方面做到百分之百的透明。

在供应链责任方面，苹果于2005年制定了电子行业有史以来最为严格的准则——《苹果公司供应商行为准则》，而且每一年都会提高标准。苹果最新版的《供应商责任标准》内容多达100多页，提出了供应商必须遵守的具体要求，这些要求共有20个主要方面，涵盖劳动权益与人权、健康与安全、环境影响、管理系统和道德规范五大类别。同时，苹果还扩大了《供应商责任标准》的范围，增加了对于学生工人、人性化的工休、边界噪声、宿舍空间和使用、紧急情况的防备、负责任的原料采购、环境问题，以及更多方面的要求。为了确保供应商遵守苹果的准则，苹果还积极推行合规监督计划，内容包括苹果领导下的工厂审核和纠正措施计划，并要求对这些计划的贯彻实施进行确认。

苹果会定期对供应商进行审核，每次现场审核均由一位苹果审核员主导，同时由特定领域专家来辅助担任当地的第三方审核员。每一位第三方专家均需接受关于如何使用苹果详细审核协议的培训。这些团队对每家接受审核的工厂进行实地检查，采访工人及管理人员，并对应《苹果公司供应商行为准则》中的各个类别，以超过100个数据点为基础，对供应商进行审查和评级。除了按计划进行定期审核，苹果还会进行突击审核，即苹果的团队会在不予通知的情况下访问一个供应商，并坚持在抵达后的一小时之内检查工厂。苹果会利用审核得来的数据来确保供应商的合规性及与时俱进的持续改善，同时也用来考量新方案，从而满足苹果的供应商及工人不断变化的需求。

如果供应商严重违反了《苹果公司供应商行为准则》，比如身体虐待；雇用童工、抵债劳动或强迫劳动；伪造信息或妨碍审核；教唆工人应付审核或因其提供信息而予以报复；贿赂；严重的污染和环境影响，以及直接威胁工人生命或安全的情况，苹果会要求供应商马上纠正违规行为。在蒂姆·库克看来，简单地中止与供应商的合作并不能真正解决问题，因为如果没有其他干预措施，便可能让这些违规行为继续存在。但是，如果一项违规行为特别严重，或者苹果认为一家供应商没有履行承诺去制止该违规行为，苹果就会终止与该供应商的合作关系，并在适当的时候向监管部门报告该行为。任何有重大违规行为的供应商都会被试用查看，直到下一次重新审核（通常在一年之内），在问题得到充分解决且试用查看期结束之前，该供应商可能不会获得新的业务。

在环境保护方面，苹果不仅努力设计对环境无害的产品，同时还与供应商通力合作，以确保他们在所有产品生产基地都使用对环境负责的制造流程。蒂姆·库克要求，在所有的苹果产品生产基地，供应商必须保证维护苹果的每一项环境标准，包括危险废物管理、废水管理、雨水管理、气体排放管理，以及边界噪声管理。

苹果会通过多种方法来审核供应商是否存在环境风险，这些方法包括现场合规性审核、环境概况调查、与非政府组织合作，以及使用中国公众环境研究中心（IPE）的水和空气污染数据库等资源。2013年，苹果完成了针对苹果前200家供应商的520多项环境概况调查，这些数据能帮助苹果根据类别来判断风险，还使苹果能够

第八章
尽我所能，打造一个更美好的世界

打造有针对性的培训、工具和方案，以最大限度地减少苹果的供应商对环境的影响。

一旦发现供应商存在环境风险或问题，苹果就会立即对其进行更深入的环境评估。2013年，苹果进行了62项评估，包括分析历史问题、采集废水和沉积物等环境样本、收集信息，以及清查违反《苹果公司供应商行为准则》的情况。苹果改进措施流程来处理所有调查结果和违规行为，然后交由第三方审核员对整改进行检验，并根据需要交由当地环境相关的非政府组织进行检验。

为了解决合格的EHS（环境、健康和安全）督检人员短缺的问题，苹果还成立了苹果供应商EHS研究院，这是一项为期18个月的正式计划。EHS研究院开设了25门关于环境、健康和安全的课程，包括常规化和定制化的班级，传授危害风险识别与评估、防火安全、人体工程学、工业卫生、水资源管理和空气污染控制等课程。EHS研究院注重基础知识建设、技能构建，以及管理和领导能力的培养。学员必须选择并修完 19 门课程。完成计划后，学员将获得由大学颁发的结业证书。同时学员还会被要求运用所学知识在其工厂创建并执行实时项目。

为了在环境保护方面做得更专业，蒂姆·库克在2013年6月为苹果公司邀来了环保专业人士丽莎·杰克逊，在加入苹果公司前，她是奥巴马的内阁成员，担任环保署署长。她从事环保工作26年，因2009年推动美国减少温室气体排放而被外界所注意，美国《新闻周刊》将其列入"2010年最重要的人物"名单，《时代》杂志连续两年将其评为"全球100位最具影响力人物"。丽莎·杰克逊的加入也确实让苹果在环境保护方面的成绩得到了飞速的提升。

在蒂姆·库克看来，环保事业不仅可以为子孙后代留下一个更美好的世界，更关键的是，未来各国政府必将对企业碳足迹征税，长期来看，现在的投入将来一定会有回报，这也是一个很重要的投资。

在当下社会，企业社会责任已成为检验企业核心竞争力强弱的标志，拥有社会责任感是企业生存和持续发展的必要条件。一个优秀的企业公民，或称企业社会责任的先行者，应该以社会责任战略为自己的社会责任原点。如何制定社会责任战略，才能对企业本身、对社会、对环境都有重要意义，往往是一个企业决策者尤为关心的问题。很明显，蒂姆·库克领导下的苹果正逐步演变为一个优秀的企业公民。

苹果肩负的重大责任，是减少碳排放量

2011年，国际环保组织"绿色和平"曾发布过名为《你的数据有多脏》的报告，称各大公司数据中心消耗的能源已经占到了全球总耗电量的1.5%~2%，而苹果公司的数据中心是调查所涉及的公司中最不环保的一个，火力发电来源的电力占总用电量的54.5%。

作为一家产品风靡世界的全球化公司的CEO，蒂姆·库克当然知道苹果从产品设计、组装，到运往世界各地供人们使用，都需要消耗大量的能源，其中部分能源来自燃烧的化石燃料，从而造成碳排放。他也认识到，这些碳排放形成了苹果的碳足迹，也是苹果对气候变化问题负有的一份责任，因此，他努力让苹果做到减少因此而产生的碳排放量，尽管苹果已经在这方面取得巨大进展，但他认为仍有许多工作有待完成。

第八章
尽我所能，打造一个更美好的世界

2014年9月23日，蒂姆·库克在参加纽约气候周时表示："我认为处理气候问题，现在是个重要的时机，而现在的行为也会带来影响极大的后果。不作为的时代已经过去了。苹果的核心理念是我们希望可以为世界留下更美好的印记，我们也认为，要达到这个目的，环境问题是必须面对的。这就是我出席活动的原因。事情永远都有很多，但是你必须给真正重要的事情腾出时间来。对我们的企业、地球、员工、顾客在内的每一个人来说，这都是一个至关重要的话题。"

蒂姆·库克是如何让苹果公司做到减少碳排放量的呢？他的做法是：想方设法提高场所设施的能源和材料使用效率，采用来源更清洁的能源，制造更为节能的电子产品。

不过，要减少碳排放量，必须先准确测量自己的碳排放量。苹果采取了十分严格的方法来测量自己对环境的影响：苹果不使用一般业界标准的测量模式，而是采用全面的产品生命周期分析方法，对产品整个生命周期内的碳排放量进行测量，因此一切都已精心计算在内。这意味着，将产品制造、运输、使用和循环利用所产生的排放量，以及苹果所有设施的排放量加在一起。

蒂姆·库克表示，苹果一直致力于改进温室气体生命周期的分析方法。当苹果的评估显示某种材料、工艺或系统，正在对碳排放量产生巨大的负面影响时，苹果就会对该项产品、工艺或设施的设计进行重新审核。举例来说，苹果曾使用业界标准的方法来推算铝金属的排放量，但由于苹果在众多产品中都使用铝金属，因而苹果决定对自己的铝金属供应商进行一次广泛的调查。苹果的调查报告显示，与制造铝金属外壳相关的排放量，比苹果意料中高出近4倍，于是苹果更新了2013年生命周期分析数据，以提高其准确性。结果发现，苹果2013年报告的碳排放量较2012年报告的有9%的上升。然而，该增长是由于苹果以前低估了排放量，而非苹果的排放量增加了。当苹果使用新的计算方式对2012年的数据进行重新计算后，事实上苹果的碳排放是同比下降了3%的。

而且，苹果不仅汇报自有设施的碳排放量，连苹果供应链的碳排放量也没有放过。更重要的是，在不断改进的过程中，苹果也在不断更新数据，即使苹果的数据不如预期中的那样满意，即使这些数据还是会招来环保人士的抨击。可以说，苹果在测量、验证和披露碳排放量方面的严格程度，业界没有几家公司能做到。

苹果2013年的碳排放量是3650万吨的温室气体排放，其中站、所设施占60万吨，产品使用占750万吨，产品运输占160万吨，循环利用占50万吨，产品制造占2630万吨。可见，产品制造是导致苹果巨大碳排放量的"罪魁祸首"。蒂姆·库克意识到：一个高效节能的工厂固然好，但一个完全依靠可再生能源的工厂更加好。于是，他将"完全依靠可再生能源为苹果公司所有的办公室、零售店和数据中心提供动力"定为苹果的目标。可再生能源包括太阳能、风能、微型水电和直接利用来自大地热能的地热能。

为了完成蒂姆·库克设定的目标，苹果公司开始设计全新的建筑，并更新现有的建筑，以尽可能减少电能的使用。同时，苹果公司还投资兴建自己的苹果现场能源生产设施，并且与第三方能源供应商建立合作关系，以获得可再生能源。截至2013年，在所有苹果设施使用的能源中，73%已转换为使用可再生能源，其中公司园区达到了86%的可再生能源使用率，而数据中心则已达到了100%的使用率。截至2014年，苹果在美国地区的140多家零售店都采用了可再生能源供电。

有人提出质疑："建设一个完全由可再生能源驱动的数据中心，根本不可能。"对此，蒂姆·库克坚决回应："在苹果公司，

第八章
尽我所能，打造一个更美好的世界

现在所有的数据中心都是百分之百的可再生能源供电。有的人会质疑我们是否真的做到了这一点，我告诉你，我们真的做到了……这些数据中心运行Siri、iTunes Store、APP Store、地图和iMessage等服务。因此，每当你从iTunes下载一首歌曲，从APP Store安装一款APP，或从iBooks下载一本电子书，苹果所使用的能源，均是大自然提供的。而且这种节能并不局限于数据中心本身，还因为其提供的服务没有实物材料需要进行制造、包装和运输。"

那么，蒂姆·库克是如何让苹果所有的数据中心都做到完全由可再生能源提供动力的呢？

苹果设立在北卡罗来纳州梅登的数据中心，是苹果以节能为目标，从零开始设计的一个数据中心，也是第一个荣获由美国绿色建筑委员会颁发的LEED（Leadership in Energy&Environmental Design Building Rating System，能源与环境设计先锋评级系统）绿色能源与环境设计先锋奖铂金奖的数据中心。梅登数据中心每天使用的60%以上的可再生能源，是通过沼气燃料电池和两组20兆瓦的太阳能电池阵现场生成，这也是居美国首位的自有可再生能源装置，而剩余电量需求均购自完全清洁的能源。梅登数据中心每年可实地制造1.67亿千瓦时的可再生能源，足以供13837个家庭使用。

苹果设立在俄勒冈州普林维尔的数据中心，则着力建造微型水电系统，以充分利用流经当地灌溉渠道的水能。2014年完工后，它将满足该中心的大部分能源需求。此外，由于俄勒冈州允许直接批量购买可再生能源，因此苹果可从当地获取足够的风能，为整个数据中心提供电力。

苹果设立在内华达州里诺的数据中心，使用从当地公共事业部门购买的可再生地热能来供电。里诺数据中心与当地公共事业部门开展合作，共同开发一种功率为18~20兆瓦的太阳能电池阵，并采用一种以曲面镜来集中阳光的新型光伏板。该太阳能电池阵每年可生产超过4300万千瓦时的清洁可再生能源。

苹果设立在加利福尼亚州纽瓦克的数据中心，从2013年1月起使用主要源自加利福尼亚州风能的能源为数据中心供电。

此外，为了获得更多的数据中心空间，苹果还会使用第三方托管设施。尽管这些托管设施不属于苹果的产业，苹果只是使用其部分资源，但苹果仍将其纳入了苹果的可再生能源目标之中。苹果与这些供应商展开合作，以确保其采用尽可能清洁的方式，来提供苹果所需的能源。自2013年年初以来，苹果在托管设施消耗的电能，超过70%来自可再生能源，但蒂姆·库克承诺会努力让这一比例达到100%的理想状态。

人们日常使用苹果产品所产生的能耗，在苹果的碳排放量中也占有很大比重。因此，苹果要减少自己的碳排放量，还要努力降低产品能耗。对此，蒂姆·库克提出的解决办法是：更高效地将电流传送至设备的电源，研发更具效率的硬件以及更智能的电源管理软件。自2008年以来，蒂姆·库克的举措将苹果产品的平均总耗电量降低了57%，大大减少了温室气体的排放。

蒂姆·库克曾说："如果只关注自己的小天地是不足以使世界做出改变的，我们希望成为引起涟漪的石子。"正因为如此，苹果总是不遗余力地在减少自己对气候变化的影响，想方设法采用更环保的材料，并节约使用所有人赖以生存的各类资源。尽管蒂姆·库克对苹果取得的进展感到骄傲，但也深知苹果还可以做得更好。就像他说的："虽然不能一夜功成，但我们力求日有所进。"

第八章
尽我所能,打造一个更美好的世界

让有毒害物质在我们的产品和生产流程中无处容身

蒂姆·库克曾说:"众所周知,我们希望打造一个更美好的世界。那对我们来说意味着什么?意味着我们必须从我们所有的产品中清除毒素,而我们已经在这样做了。"

2014年9月23日,《联合国气候变化框架公约》(UNFCCC)执行秘书长克里斯蒂娜·菲格雷斯女士与以苹果公司CEO身份出席纽约气候周的蒂姆·库克有一次私谈,她就处理气候问题的时间向蒂姆·库克提出了一个问题:

"处理气候问题最稀缺的资源应该就是时间了。科学家告诉我们,我们已经没有多少时间了。摆在我们面前的是历史上最大规模的改革,而这不仅需要技术创新,也需要市场对这些创新有所需求。在我看来,没有任何一家公司有这个能力或是经验去布局下两步,甚至是下十步的棋应该怎么走,这不仅仅是设计产品,而且要有能力让消费者迅速使用这些新的技术。先撇开iPhone 6和Apple Watch不谈,你怎么看待企业在气候问题上的引导问题?现在已经没有多余的时间,而我们需要引导对于低碳甚至是无碳产品和服务的需求。你认为我们应该如何行动以加速这一进程?"

蒂姆·库克显然不赞同菲格雷斯女士的观点,因为他的回答是:"我们从来不会操控消费者,我们更愿意提供出色的产品。他们也许从来不知道自己需要这些,但当他们看到这些产品并开始使用便会爱不释手。这和我们今天讨论的话题也是相关的。如果你关注了我们最近的新品发布会就会发现，每当我们介绍一个新产品时都会附上一个环境达标列表，上面明确指出我们不使用毒害物质，所有的产品都可高度回收利用，并且非常节能环保。这是我们执着的信念，我们相信这对消费者来说也非常重要。所以我认为企业不仅应该告知消费者他们在碳足迹方面某一个成绩较好的数据，更应该全面地公开情况。我认为消费者是明智的，我也认为世界上绝大部分人都愿意做正确的事情。产品的透明化程度会影响人们的消费行为，这会改变他们的消费模式。如果有足够多的企业开始这么做，我相信消费者会用他们的钱包去投票。没有人希望我们的地球往不好的方向发展，我更愿意相信人们内心都是善良的。"

作为一个工程师和一个环保倡导者，蒂姆·库克自然知道电子产业常用的很多物质都会给人类或地球带来危害。在他看来，"确保组装、使用和循环利用苹果产品的每个人都可以享受安全，这正是我们的使命所在"。因此，他要求苹果以更清洁、更安全的材料来设计产品，以减少和消除这些有毒害物质。

要设计出更加绿色环保的产品，必须考虑到制造材料对环境的影响。从产品使用的玻璃、塑料和金属材料，一直到包装用的纸张和油墨，苹果都会特别注意这些材料对产品和环境的影响。

其实，苹果在产品中减少有毒害物质的工作，早在1995年就开始了。1995年，当其他公司依然在电脑、线缆和电源线中广泛使用聚氯乙烯时，苹果就已开始淘汰聚氯乙烯了。2006年，苹果公司又在显示屏玻璃和焊料中彻底停用了铅。2008年，苹果产品的塑料机身、电路板和连接器中已不再使用含有溴化阻燃剂的有毒组件；

第八章
尽我所能，打造一个更美好的世界

曾被用于确保玻璃清晰度的砷也不再使用。2009年，苹果的显示屏中不再使用汞。2013年，苹果产品的线缆和电源线停用邻苯二甲酸盐，它是一组名为内分泌干扰物的化学物质，常用于软化线缆和电源线中的塑料。2014年，苹果进一步加强了有关苯和正己烷的管制标准，明令禁止在总装过程中使用这两种化学物质——苯是一种已知的致癌物质，而正己烷则与神经损伤疾病有关。2014年，苹果公司曾公布了一份有毒物质清单，并禁止其产品加工商使用清单上的物质，清单中包含多种物质，如铍、石棉及双酚等，这些物质会对人体及环境造成危害。

同时，蒂姆·库克还要求供应商负起责任，严格遵守苹果的《受管制物质细则》，该规范与法律规定的最低要求相比更为严格。苹果会对每一家工厂进行审核，使用独立实验室测试零部件，并在建于库珀蒂诺总部内的实验室里检验结果。

蒂姆·库克曾收到一些信件，询问苹果是否在产品制造过程中使用了苯和正己烷等化学物质。凡有关不安全工作环境的质疑，蒂姆·库克都极为重视。因此，蒂姆·库克立即指派专门小组，进入22家总装工厂进行调查，但最终并未发现任何有关工人的健康受到威胁的证据。尽管如此，苹果还是决定将苯和正己烷剔除出iPhone组装流程。

蒂姆·库克认为，在产品中减少有毒害物质，能从三个方面让世界更美好。

第一，在产品中减少有毒害物质，能让环境更美好。良好的制造流程和负责任的循环利用最大限度地减少了苹果供应链中的有毒物质，从而有助于保护我们的土地、空气和水不受污染。

第二，在产品中减少有毒害物质，能让苹果用户的生活更美好。使用苹果产品最多的人，自然是苹果用户，而通过尽量减少或彻底消除多种有毒害物质，苹果能够确保每件产品都可以常年安全使用。比如，苹果的电源线不含聚氯乙烯，不含邻苯二甲酸盐；苹果的触摸屏不含砷；苹果的外壳和机身均不含溴化阻燃剂。

第三，在产品中减少有毒害物质，能让生产者的生活更美好。苹果致力于为制造产品的工人提供安全的工作条件，因为很多有毒害物质不仅限用于产品本身，更限用于制造流程。苹果不希望苹果用户受到这些有毒害物质的伤害，同样也不希望苹果的工人受到这些有毒害物质的伤害。

苹果公司负责环保措施的副总裁丽莎·杰克逊曾在2014年8月发文表示："我们将投资研发新的材料和技术，也将成立新的顾问委员会，以集合在更安全化学物质和污染预防领域的专家们，推动我们最大限度地减少甚至消除产品和供应链中的有毒害物质。我们会听取意见，与股东召开圆桌会议，共同寻找优选的科技、数据和解决方案。"蒂姆·库克也曾承诺："我们会继续引导行业减少或避免使用对环境有害的物质，同时，我们也会不断努力，让我们的产品始终更为清洁和安全。"我们相信，在蒂姆·库克的领导下，苹果将为我们奉献一个比一个伟大且一个比一个安全的产品。

第八章
尽我所能，打造一个更美好的世界

地球上的自然资源有限，我主张负责任地循环利用

为迎接4月22日的世界地球日，苹果公司于2014年4月21日发布了苹果公司的环保宣传片——《更美好》，该环保宣传片由苹果公司CEO蒂姆·库克亲自配音，将苹果的环保成就及最新环保措施娓娓叙来。

"更美好，一个充满力量的表达，一个充满力量的理想，它让我们用心审视这个世界，迫不及待地想将它变得更美好。创新，改进，重新创造，只为让一切变得更美好，这个理念已深深融入我们的DNA中。因为没有周全的考虑，更美好就不可能名副其实，我们的产品，我们的价值，以及对环境、对未来更加郑重的承诺就无法实现。采用更绿色的材料、更简洁的包装，竭力让我们的产品不成为垃圾填埋场的一部分。这种改变不仅造福生灵，也造福我们的星球。于我们而言，让世界更美好是与生俱来的本能，它正引领我们创造出超越自己所想的一切，由太阳能和风能驱动的数据中心，完全依靠清洁能源运转的工厂，还有使用再生材料的新产品设计，我们所有的这些努力，都是为了减少自己对环境的影响。我们还有很长的路要走，还有很多的事要学，但从这一刻起，我们将更加全力以赴，只为世界能留下更美好的印记，只为制造能够令他人一道为这个目标而努力的产品。"

同时，苹果公司还在报纸上刊出全版广告，广告标题是《我们的一些创意，希望每个公司都来抄袭》。尽管苹果此举有调侃三星

等公司对苹果创意的抄袭行为之嫌，但蒂姆·库克确实真心希望其他公司能学习苹果在环境保护方面做出的努力和成绩。

众所周知，我们的地球有着丰富的自然资源，但这些自然资源并非无穷无尽。因此，蒂姆·库克要求苹果公司努力做到只取所需，尽量减少使用自然资源，侧重循环利用自然资源。可喜的是，苹果已经找到诸多创新方法，使用更多再生材料、可回收材料和基于植物的可持续材料，最大限度降低原材料对环境的影响。无论是笔记本电脑的铝金属，还是包装产品使用的纸张，苹果都非常注重所用的每种材料，且负责任地使用每种材料。

"以少建多"是蒂姆·库克十分推崇的一种环保理念。在过去的10年里，苹果的设计师和工程师们不断开创新的方式，用更少的材料打造苹果的产品。比如，一体成型构造等创新制造技术，使iPad、MacBook Pro和MacBook Air等产品变得更纤薄，同时更坚韧。与上一代设计相比，全新Mac Pro的铝金属和钢材料用量减少了74%；而全新iMac使用的材料也比第一代产品减少68%。这些都是苹果"以少建多"的实证。

"为持久耐用而设计"也是蒂姆·库克坚持的一个环保原则。在蒂姆·库克看来，更小、更轻的产品对环境的影响更小，但有时环境因素对它们的影响却丝毫不小。所以，从苹果最大的显示屏，到苹果最小的线缆，蒂姆·库克要求每个设计都力求持久耐用。为了确保产品的耐用性，苹果会在库珀蒂诺总部的可靠性实验室中进行产品测试。

蒂姆·库克认为，在经济条件有限的情况下，苹果用户无须购买新设备，一样可以享受全新体验，因为苹果让新版APP、软件和整个操作系统的更新更加容易，比如，2007年以后生产的Mac电脑均可运行2013年新发布的操作系统。苹果笔记本电脑的内置电池可

第八章
尽我所能，打造一个更美好的世界

使用长达5年，它可以为苹果用户节省购买新电池的花费，产生较少的废弃物，还能延长笔记本电脑的使用寿命。当苹果产品的所有者将其设备转让给亲朋好友，他们也是在节省资源。在蒂姆·库克看来，"有时，好产品的标准不在于你售出了多少，而在于它被使用了多少"。

对资源的循环利用，更是苹果环保举措的重中之重。蒂姆·库克深知，如果处理不当，电子废弃物就会变成一个严重的健康和环境问题。这些废物被胡乱丢弃在各个国家，而危险的回收技术会使得这些设备释放出危害人类和环境的有毒物质。为了避免不当回收电子废弃物引发的危害，苹果一直致力于帮助人们负责任地循环利用产品，即全球每个苹果零售店都免费回收苹果产品，并以负责任的方式循环利用：旧设备会被拆解，可重复使用的重要组件会被取出；玻璃和金属经过再加工可用于生产新产品；大部分的塑料材质经过粒化处理成为二级原材料。通过材料再加工和组件重新利用，苹果往往实现占原始产品比重90%的回收率。

此外，苹果还推行了循环利用计划，已经遍及95%的产品销售国家或地区的城市。自1994年以来，苹果已回收了重量超过4.21亿磅的电子设备，使它们免于进入填埋场。在那些没有正规回收计划或没有产品放置及提取地点的地区，苹果安排对电子产品进行取件、运输及无害环境回收。在这些项目与活动中，苹果不只是回收自己的产品，还回收其他品牌的产品。事实上，苹果回收的材料，超过90%来自其他品牌而不是苹果自己。

2010年，苹果还为全球循环利用率制定了一个目标，那就是力争回收达到7年前所售产品总重量的70%之数。从那时起，苹果始终保持85%的回收率，而业内其他公司公布的数据均在20%以下。为了建立循环性更好的经济体系，让材料得以转化而不是浪费，苹果正努力寻找新的循环利用技术,以帮助苹果回收更多材料,提高资源效率。

  水作为世界上最宝贵的自然资源,自然也在蒂姆·库克为苹果设定的资源循环利用规划之中。苹果一直努力在自己以及苹果供应商的设施中寻找有效方法,减少制造、制冷、景观和卫生用水。比如,苹果在北卡罗来纳州梅登数据中心采用创新的制冷系统,重复用水35次,使得数据中心的总用水量减少了20%。在降雨量不够稳定的城市中,苹果安装了先进的浇灌系统,监测当地天气状况和土壤水分,最终景观用水量减少了40%。

  在苹果供应链内,某些制造工序的用水量会比其他环节多。为了确保苹果的供应商能参与节约这一能源的解决方案,苹果实行了"清洁水项目",以协助减少用水量,促进水资源的循环利用,并防止苹果的供应链内出现违法的水污染行为。

  用水量较大的产品零件制造供应商,包括机身外壳、盖板玻璃、包装、印刷的供应商,以及某些电路板的供应商,自然成了蒂姆·库克的重点关注目标。在2013年,13家高耗水工厂(每年用水总量超过4100万立方米)成了苹果"清洁水项目"的试点工厂。

  对这些成为"清洁水项目"试点的工厂,苹果首先针对工厂的危险化学品使用和废物流处理绘制了完整的流程图。接下来,苹果仔细分析供应商现有的再利用和循环利用计划,评估整个废水处理流程,并根据制造类型来评估流程的效率和绩效表现,苹果还要确保它与工厂的产能匹配,能够处理所产生的加工废水。苹果会测量入水量和出水量,并在工厂整个处理流程中采集水样,直至最终的排放点。当然,苹果会考虑当地的用水风险,在持续获取日常生产所需时,也会考虑居民对水资源的依赖,因而尽量将对当地社区的影响降至最小。

第八章
尽我所能，打造一个更美好的世界

在一番深入评估之后，苹果会针对供应商的用水量、废水管理（包括废水处理设施的运营、维护与性能监控）、雨水管理、有害废物管理等方面进行评分，根据改进的需要提供具体的补救措施，并让供应商与苹果的团队和第三方技术顾问合作执行。

蒂姆·库克曾说："对我来说，这些尝试都是为了让世界变得更好。这是我们欠年轻一代人的，我们需要竭力解决这些问题，而不是坐视不理。"我们相信，只要所有企业都能做到循环利用地球的自然资源，我们的世界必定会变得越来越好。

第九章

给予是最好的礼物,我还能做得更多

> 我的个人哲学是,给予是最好的礼物。这来自约翰·肯尼迪的名言:"越多付出,越多期待。"我一直坚信这句话,永远。我认为,苹果和苹果的员工已经做了很多好事,他们还能做得更多。
>
> ——蒂姆·库克

他们想做什么，我就和他们一起去做

2011年9月8日，刚刚上任的苹果公司CEO蒂姆·库克给苹果员工发送了这样一封内部邮件：

"我非常高兴地宣布，我们将启动一项慈善捐赠配对补贴项目。我们深受那些慷慨回馈社区的同事的启发，该计划将促进个人捐助事业的进一步发展。

"从今年9月15日开始，如果你向符合501C3（美国税法中关于享有免税待遇的条件的条款）条款的非营利机构捐款，苹果将给予你相应金额的补贴，每年补贴额上限为1万美元。该计划将首先针对苹果美国全职员工实行，然后再逐步拓展到全球其他地区的苹果员工。

"无论是苹果总部还是其他地区的员工，我在此要感谢各位的辛勤工作。能够成为苹果团队中的一员，我个人感到无比自豪。如果你想了解有关该计划的更多信息，可以登录苹果人力资源网站，我是你们的朋友库克。"

什么是慈善捐赠配对补贴呢？它是美国企业回馈社会、树立企业形象的重要举措，俗称"一比一追加匹配"。美国各大公司一般都有"捐赠匹配"制度，任何员工向合法的慈善机构捐款，公司都将如数追加。比如，某个员工向预防控制中心捐款100美元，公司就跟进，也向疾病预防控制中心捐款100美元；如果员工捐款10000美元，公司也捐款10000美元。汶川特大地震后，美国很多企业都

第九章
给予是最好的礼物，我还能做得更多

设立了专门的"汶川地震基金"，对员工的个人捐赠进行一比一，甚至一比二的高额追加匹配。

可见，在对待慈善的态度上，蒂姆·库克确实和乔布斯不一样。

众所周知，在慈善方面，乔布斯一直很低调，甚至因此被认为一点儿也不重视慈善。美国《纽约时报》甚至在2011年8月30日发表了该报记者安德鲁·罗斯·索尔金的文章——《史蒂夫·乔布斯慈善之谜》，文章以指责的口吻说："乔布斯是天才，是创新者，是梦想家，或许也是全世界最受人爱戴的亿万富豪。但令人意外的是，他并不是一名杰出的慈善家，至少目前不是。尽管通过持有苹果股票和7.4%的迪斯尼股权，他积累了约83亿美元的个人财富，但目前还没有公开资料显示乔布斯进行过慈善捐款。他既不是'捐赠誓言'（Giving Pledge）组织的会员，也没有向医院或学术机构捐助以他名字命名的建筑。"在大众眼中，乔布斯是一个零捐款、零慈善者，苹果公司也因此被专门关注公益领域的《斯坦福社会创新评论》杂志在2007年评为"全美最不仁慈的企业"之一。对于这些质疑，乔布斯从来都不回应。

直到乔布斯去世后，乔布斯的遗孀劳伦·鲍威尔·乔布斯才在接受《纽约时报》采访时表示，乔布斯其实一直在默默地进行慈善活动，已经做了整整20年。乔布斯不喜欢公开讨论这些捐款，就像劳伦说的那样："对于别人所做的伟大的工作，我们会非常注意尽量突出他们的事迹，但是我们不喜欢附上自己的名字。我们真的非常希望自己能够尽可能地帮助别人，但我们不喜欢那种留名的方式。"

和乔布斯不同，蒂姆·库克认为要扩大苹果公司的影响力，首先就要替苹果公司去掉"全美最不仁慈的企业"的标签。因此，在掌舵苹果之初，他就效仿其他企业建立了一个慈善项目——只要

员工捐出一定金额的慈善捐款，苹果也会捐出同样的金额。不仅如此，他还提高了苹果自身的捐款额。此外，蒂姆·库克还表示，未来苹果员工如果给慈善组织做义工，苹果将会按照每小时25美元的标准，给慈善组织捐款。

蒂姆·库克之所以会做出这个决定，是因为美国前总统约翰·肯尼迪的一句名言："越多付出，越多期待。"他说："我一直坚信这句话，永远。我认为，苹果和苹果员工已经做了很多好事，他们还能做得更多。我们采取的措施之一就是与员工的慈善捐款相匹配，员工们可以选择自己想要给予的对象。所以，这并不是公司委员会做出的决定，而是我们8万员工的决定，他们决定做什么，然后我们与他们配合。"

对于蒂姆·库克的这一决定，慈善组织自然十分支持。在苹果公司的慈善捐赠配对补贴项目启动后，美国本地的一些慈善组织就表示，苹果员工在慈善方面变得更加积极，无论是在捐款还是在义工方面，苹果员工更加慷慨。比如，旧金山艾滋病基金会相关负责人就表示，依靠苹果的帮助，他们增加了社区内提供的慈善计划和服务规模。

2014年10月2日，蒂姆·库克又宣布：苹果公司为每一个员工捐款配套捐助的计划，将从美国、英国、加拿大、澳大利亚、新加坡和爱尔兰等少数国家，拓展到有苹果业务存在的所有国家。2015年年初，这一计划推广到苹果有业务的绝大部分市场。苹果也将为员工做慈善义工自动增加捐款。截至2014年10月，苹果公司员工捐款额度为2500万美元，苹果公司配捐2500万美元，这一计划的捐款总额为5000万美元。

业内人士分析认为，苹果这样的科技公司面向员工的捐款进行配捐，不仅可以改善苹果在美国本地的企业形象，同时可以增强

第九章
给予是最好的礼物，我还能做得更多

员工的忠诚度。按照苹果公司的这个补贴计划，公司员工在相关机构捐赠之后，不但能够按照美国法律规定抵偿个人所得税款，而且还能额外获得公司的补贴，外加做慈善的美名，是一举三得。可以说，在未来的趋势下，企业的慈善捐款行为将不再是一个成本中心，而是一个增加价值的中心。或许，正是因为明白这一点，蒂姆·库克才加大了苹果公司在慈善方面的力度。

企业管理者对待员工和人才大多有两种错误的看法，一种是把人看成"经济人"，过分强调物质刺激，并且这种刺激的目的是追求企业的经济效益；另一种是把人看成机器一样的工具，不重视人的精神生活。

现代企业的性质、规模、环境和企业的组织形式不同，这就决定了企业的员工并不是封闭的、固定不变的，恰恰相反，他们是复杂的、开放的、动态的。随着时代的发展和企业人员逐渐复杂、流动的变化，企业管理者必须及时改变自己的观点和看法，确立以人为中心的管理思想：人是最宝贵的资源与财富；要关注人的个性需求与精神健康；要更多依靠员工的自我指导与自我控制等。这种管理思想更加重视人的作用，重视人的发展与精神生活的质量，所以被称为"人本管理"。

人本管理以人的完善为根本目的，这是人本管理模式最本质的特征。其他管理模式皆以追求企业利润为根本目的，在追求企业利润的过程中虽也采取诸多利于人完善自我的措施，但其目的不是为人，而是为获取更多的利润。而人本管理模式虽也追求企业利润，且争取利润的最大化，但这只是一个手段或一种途径，其根本目的是利用利润来为完善全体职工的"人性"创造条件。

人本管理中有一项重要内容是情感管理工程。情感管理是通过情感的双向交流和沟通实现有效管理，进而激励员工的。情感管理

注重人的内心世界，根据情感的可塑性、倾向性和稳定性等特征进行管理，其核心是激发员工的积极性，消除员工的消极情绪。情感是影响人们行为最直接的因素之一，任何人都有各种情绪需求，这就需要企业管理者敢于说真话、动真情、办实事，关心员工的文化生活和心理健康，大力开展社会公德、职业道德和家庭美德教育，帮助员工建立起正常、良好、健康的人际关系，以便在公司内部营造出互相信任、互相关心、互相体谅、互相支持、互敬互爱、团结融洽的团队氛围，为企业创造更大的成绩。

我的个人哲学是，给予是最好的礼物

2014年夏天，一个名为"ALS冰桶挑战赛"的慈善活动风靡全球。ALS冰桶挑战赛的英文全称是ALS Ice Bucket Challenge，简称冰桶挑战赛或冰桶挑战，是由前波士顿大学棒球运动员皮特·弗雷兹发起，旨在唤起公众对于肌萎缩侧索硬化症（Amyotrophic Lateral Sclerosis，简称ALS）的关注。活动要求参与者在网络上发布自己被冰水浇遍全身的视频内容，然后该参与者便可以指定3个人也来参与这一活动。被邀请者要么在24小时内接受挑战，要么就选择为对抗肌萎缩侧索硬化症捐出100美元。

什么是肌萎缩侧索硬化症呢？肌萎缩侧索硬化症又称卢·格里克症，俗称渐冻人症，是一个渐进和致命的神经退行性疾病。该病的病因是中枢神经系统内控制骨骼肌的运动神经元退化。ALS病人

第九章
给予是最好的礼物，我还能做得更多

由于上、下运动神经元都退化并停止传送讯息到肌肉，在不能运动的情况下，肌肉逐渐衰弱、萎缩，直至大脑完全丧失控制随意运动的能力，但并不会像老年痴呆症一样影响病人的心理。著名物理学家史蒂芬·霍金就是ALS患者。

ALS冰桶挑战在短短两周内风靡全美国，美国科技圈大佬纷纷加入这个挑战，身为苹果公司CEO的蒂姆·库克自然也不例外。因此，当苹果市场营销高级副总裁菲尔·席勒向蒂姆·库克下了"冰桶挑战书"后，蒂姆·库克很快就在随后例行的苹果公司每周的啤酒狂欢节上接受了冰桶挑战，并指定了3个挑战者：苹果董事会成员罗伯特·艾格尔、音乐家迈克尔·弗兰蒂和Beats联合创始人安德烈·罗米尔。蒂姆·库克愿意参加冰桶挑战的活动，不光是为了在员工面前树立榜样，更是为了ALS社团筹备善款，帮助那些患有肌肉萎缩性侧索硬化病的人。

在2014年的夏天，ALS冰桶挑战赛这个用娱乐来筹集善款的活动，极大地刺激了民众慈善捐款的热情。根据美国ALS协会官网发布的消息，从7月29日到8月20日，冰桶挑战为ALS协会增加了637527个捐赠者，连同之前的捐赠者，一共为协会带来3150万美元的捐款，远超2013年同期的190万美元。蒂姆·库克很高兴自己能为这场ALS慈善捐款活动增添一份力量。

当然，这不是蒂姆·库克第一次亲身参与慈善活动。尽管蒂姆·库克每天十分忙碌，但是只要能为慈善尽一份力，他还是很乐意奉献自己的时间。

2013年5月14日，美国慈善拍卖网站CharityBuzz上与苹果公司CEO蒂姆·库克一同喝咖啡的机会的拍卖结束，最终成交价格为61万美元，获胜者可以在苹果公司总部与库克会面30～60分钟，时间由双方协商确定。本次拍卖所得款项将捐赠给罗伯特·肯尼迪正义

中心和人权维护中心，其目标是"与人权领袖合作共创公正与和平的世界，传播社会公正和推进企业社会责任"。

2014年4月25日，CharityBuzz再次推出了与苹果CEO蒂姆·库克在加利福尼亚州苹果总部共进1小时午餐的机会，当然，午餐费用由蒂姆·库克负责。这场慈善拍卖在2014年5月13日竞价结束，最终成交价超过33万美元。这次拍卖所得的款项依旧将全部捐给罗伯特·肯尼迪正义中心和人权维护中心。

蒂姆·库克曾说："我的个人哲学是，给予是最好的礼物。"蒂姆·库克对于慈善的热衷，或许是因为他曾与死亡擦身而过。那是在1996年，蒂姆·库克被告知患有多发性硬化症，它是一种中枢神经脱髓鞘疾病，可引起各种症状，包括感觉改变、视觉障碍、肌肉无力、忧郁、协调与讲话困难、严重的疲劳、认知障碍、平衡障碍、体热和疼痛等，严重的可以导致活动性障碍和残疾。而且，这种疾病很难治愈，还容易复发。这个消息对于当时才36岁的蒂姆·库克来说，不啻一张死亡通知书，痛苦和绝望瞬间淹没了他。值得庆幸的是，后来医生发现这是一次误诊，然而这种从鬼门关走了一圈又回来的经历，让蒂姆·库克的人生观发生了很大的变化，用他在1999年发表在奥本大学校友杂志的一篇文章里的话来说，就是："这使得你看世界的眼光都变了。"那次经历让他变得更加注重健康问题，变得热衷于慈善，经常参加与多发性硬化症等疾病有关的募捐活动。

当蒂姆·库克成为苹果CEO后，他发现他有更大的能力去为慈善做点儿什么。他希望把"给予是最好的礼物"这个观念传递给更多的人，而他首先传递的对象，就是苹果的员工和苹果的用户。于是，他在接任苹果公司CEO这个职位后，就宣布启动慈善捐赠配对补贴项目，鼓励苹果员工更多地去做慈善。

第九章
给予是最好的礼物，我还能做得更多

蒂姆·库克还在苹果的产品和服务中多次举办慈善活动，目的就在于鼓励苹果用户为慈善捐款。苹果曾多次在iTunes平台上开启捐款活动，针对的都是重大的自然灾害，比如，2010年的海地地震、2011年的日本地震和海啸，以及2012年的菲律宾"海燕"台风等。苹果用户可以通过iTunes选择5、10、25、50、100、200美元的数字进行捐款。

2014年10月1日，苹果再次通过iTunes开启了一项新的捐款系统，用户可以通过iOS、Mac以及Windows设备为"希望之城"（City of Hope）捐款。"希望之城"是一家可以提供研究和医疗设备的知名慈善机构，专攻领域为癌症和糖尿病，其中涉及的癌症多达41种。苹果的这次捐款活动延续了整个10月，其主要关注对象是乳腺癌，呼吁群众提高对这一种病症的关注。这是苹果首次通过iTunes为非自然灾害接受捐款。

2014年11月24日，为了迎接12月1日的世界艾滋病日，协助对抗在非洲等国肆虐的艾滋病等疾病，苹果APP Store又开始举办"APPs For RED"的活动，将苹果开发的车库乐队（Garage Band）音乐制作应用的销售额捐赠给慈善机构RED（RED提出了"无艾滋病一代"的目标，通过与国际知名品牌合作募集善款，用于艾滋病防治事业），用来防治艾滋病、肺结核及疟疾。苹果同时还邀请了《智龙迷城》《纪念碑谷》《愤怒的小鸟》《神偷奶爸：奔跑小黄人》等热门游戏应用一同参与。

对此，蒂姆·库克表示："苹果是RED的坚定支持者，因为我们相信，生命是每个人一生中最重要的礼物，8年来，我们的用户一直在为非洲抗击艾滋病做出贡献，他们的善款拯救了生命，带来了极大的正能量。今年我们发起有史以来最大规模的筹款行动，线上线下零售店都将参与，而iTunes应用商店里的明星们也加入了这

一慈善行动。"

此外，苹果公司还通过RED慈善组织销售部分红色版本的iPod Shuffle、iPod Nano、iPod Touch、iPad Smart Cover以及iPhone 5S皮质保护壳等产品，这些产品的利润部分也将全部捐给该慈善机构。

2014年12月1日，蒂姆·库克还以苹果公司CEO的身份出现在美国华盛顿的苹果零售店里，以表示苹果对世界艾滋病日的支持。而当天苹果零售店的员工们也都穿上了红色的T恤，以引起人们对世界艾滋病日的重视，表示对艾滋病患者的支持，并且纪念因为艾滋病离世的人们。

有人曾说过："人活着应该让别人因为你活着而得到益处。"美国著名心理学家埃里希·弗罗姆认为："在物质方面，给予意味着自己的富有。不是一个人拥有很多他就算富有，而是他给予人很多才算富有。生怕丧失什么东西的贮藏者，如果撇开他物质财富的多少不谈，从心理学角度来说，他是一个贫穷而崩溃的人。不管是谁，只要他能慷慨地给予，他就是一个富有的人。他把自己的一切给予别人，从而体验到自己生活的意义和乐趣。只有那种连最低生活需要也满足不了的人，才不能从给予的行动中得到乐趣。"然而，给予最重要的意义并不在于物质方面，而在于人性方面。一个人能给予另一个人的东西，是他自己身上存在的东西，是他自己的快乐、兴趣、同情心、谅解、知识、幽默、忧愁的表现。给予本身就是一种强烈的快乐！在给予中，不知不觉地使别人身上的某些东西得到新生，这种新生的东西又给自己带来了新的希望。正是一次又一次的给予，不断地带给蒂姆·库克对未来的新的希望。

第九章
给予是最好的礼物，我还能做得更多

每个人都值得被尊重，我将终生为此争取

2014年10月30日，蒂姆·库克在《商业周刊》网站上撰文，承认自己是同性恋，并表示为自己是同性恋而自豪。这个消息引来一片哗然，并迅速登上各大媒体头条。值得庆幸的是，当日的苹果股价并未因此受到太大的影响，截至收盘，股价微跌不到1%。

对于蒂姆·库克勇敢说出自己性取向一事，媒体普遍认为：库克出柜赢得广泛赞誉，并有可能对整个世界产生重大影响。对于库克的坦诚，其圈内好友、同事都表示其勇气可嘉，纷纷点赞，并为其感到自豪。微软CEO纳德拉、美国前总统克林顿等人也称赞库克的坦诚。脸书创始人兼CEO扎克伯格评论道："感谢蒂姆向我们展示了什么是一个真实的、勇敢并且可靠的领导者。"

其实，大多数人对于库克是同性恋的消息并不感到惊讶，因为早在2014年6月30日，蒂姆·库克带领员工参加旧金山同性恋大游行活动时，就已经被贴上了"同性恋"标签，只不过到了2014年10月他本人才亲口承认了这个事实。

众所周知，苹果公司所在的硅谷不仅是科技中心，也是全美社会自由度最高的地区之一，这里多年以来一直在公开支持同性恋。旧金山每年都会举行一次同性恋游行活动，硅谷的大型科技公司经常会参加这个活动，扎克伯格和蒂姆·库克等企业领袖甚至会亲自领导各自公司的游行队伍。因为硅谷的许多大型科技公司都把"支持同性恋"当作一种品牌营销和吸引人才的手段，参加大游行就是

为了向外界证明自己是自由的、平等的、包容的、创新的，是"硅谷精神"的最佳代言。

蒂姆·库克一直是一个极其重视隐私的人，用他的说法是："我出身卑微，不希望吸引注意力。苹果已经是全球最受关注的企业之一，我喜欢专注于产品以及客户利用这些产品所取得的非凡成就。"

然而，从乔布斯手中接过了苹果公司的执掌权后，他不得不从幕后走到台前，他的一举一动都成为全世界目光的焦点，他的一言一行都可能对其他人形成巨大影响，他对马丁·路德·金的名言"生活中最持久而迫切的问题是，你在为他人做什么"有了新的感悟："我对个人隐私的追求一直阻碍着我做更重要的事情——让每个人都能被尊重。"

蒂姆·库克曾说："待人以尊重，待人以平等。每个人都应该具有基本的人权，不分肤色、宗教、性别、性取向，每个人都值得被尊重。我将终生为此争取。"

身为一名同性恋，蒂姆·库克自然能更深刻地理解作为"少数人"的困难，自然更能明白其他少数群体每天需要面对的挑战。在蒂姆·库克看来，尽管有时候同性恋身份会让他感到艰难和不舒适，但也给予了他自信，让他坚定地走自己的路，勇敢地去克服逆境和偏执。蒂姆·库克很感谢"同性恋"这个身份："它让我感同身受，丰富了我的人生……它还给了我一张'犀牛皮'，并在我担任苹果CEO后派上用场。"

一方面，蒂姆·库克看到世界已经发生了太多变化，全世界的人们正走向婚姻平等，公众人物勇敢地站出来帮助改变人们对同性恋的看法，让人类的文化更具包容性。然而，另一方面，他也清楚地看到很多国家的法律依然允许雇主仅以性取向为由解雇员工，不

第九章
给予是最好的礼物，我还能做得更多

少地方的房东可以驱逐同性恋房客，禁止同性恋看望生病的伴侣，继承他们的遗产。有不计其数的人，特别是孩子，因为他们的性取向而每天面对恐惧和虐待。这些不公平的事情是蒂姆·库克最不希望看到的，也是他努力想要去改变的。

尽管蒂姆·库克自认并不是一个同性恋活跃分子，但他深刻地意识到他已经从其他人所付出的牺牲中受益匪浅。因此，他觉得：
"如果让人知道苹果CEO是一名同性恋，就能帮助那些迷失自己性别的人，或者为那些感到孤独的人带去慰藉，鼓励人们坚持平等，那么我愿意用自己的隐私去交换。"

尽管蒂姆·库克大胆地承认他的性取向，但他还是想要保护自己的一些隐私。他认为，社会进步的表现就在于，人们不能仅以一个人的种族、性别和性取向来衡量这个人。其实每个人都有很多身份，蒂姆·库克也不例外，工程师、自然爱好者、健身狂、美国南方人的儿子、体育迷，并且还有很多其他身份。他无比希望人们尊重他的意愿，让他专注于自己最适合、能够为他带来欢乐的工作。他已经为苹果公司奉献了许多年，他还会继续将所有可用时间投入成为最好的CEO的工作里，因为这是苹果的员工应得的，也是苹果的客户、开发者、股东以及供应商合作伙伴应得的。

但在坚持人人平等的道路上，蒂姆·库克也会坚定不移地前行，他说："我很幸运能够领导这样一家公司，它长期以来一直主张人权和一切平等。我们在国会强烈支持职场平等法案，就像在我们的公司所在地加利福尼亚州支持婚姻平等一样。当亚利桑那州立法机构通过了针对同性恋群体的歧视性法案时，我们站出来抗议。我们将继续为我们的价值观而奋斗，我相信这家伟大公司的任何人，不论种族、性别或性取向，都会做出同样的决定。我自己将继续主张所有人一切平等。"在他看来，懂得用做好自己的分内之事

去帮助他人，就是在和其他人一起一砖一瓦地铺设一条通向正义的阳光之路。

也许我们平时不曾深思，当一个社会中只有得到了财富和权势的人才能享有自由生存的主动权的时候，这是否也就意味着，那些还在路上的人，他们的生存权一直要受到抑制和盘剥呢？而当这个社会中绝大多数人都感到自己的生存权利受到压抑的时候，这个社会的发展怎么轻松得起来呢？

如果按照"物以稀为贵"的原则追逐尊荣的话，这个社会就一定要控制富人和权贵的数量，否则，特权和荣耀将被稀释和淡化；但是，如果这个社会只有这一条路通往生存自由，那么谁都无法阻挡民众闯入的决心和脚步。

所以，如果一个社会有很多条路可以走，每一条路都是平坦大道，都能容纳成千上万的人以顺畅的速度行进，那么，这就是平等。平等的主张可以消弭人世间的不公平，带来世界的和平。

第十章

只要做好准备,机会总会来的

> 直觉虽然能够带领你走进正确的那扇门,却无法告诉你那扇门背后到底是什么。所以,你还是要随时做好应对一切的准备。
>
> ——蒂姆·库克

比起理性，更应该相信自己的直觉

对于蒂姆·库克来说，1998年是他人生中十分重要的一年，在这一年，他做出了人生中最重要也是最正确的一个决定：加入苹果。

从世界第一的电脑企业康柏跳槽到朝不保夕的苹果，当时所有人都认为蒂姆·库克疯了，而导致蒂姆·库克发疯的根源，就是蒂姆·库克与乔布斯的5分钟面试。正如蒂姆·库克自己在2010年应邀参加母校奥本大学毕业典礼演讲时所说的："与乔布斯见面不到5分钟，我就将所有的顾虑都抛诸脑后，决定和乔布斯一起干。"

在与蒂姆·库克面试的5分钟里，乔布斯到底说了什么？所有人都很好奇，但直到2014年蒂姆·库克接受美国公共电视网知名节目《查理·罗斯访谈录》专访时，人们才从蒂姆·库克口中获得一个较为详尽的答案。

"这是一次有趣的会面。此前我已接到乔布斯所雇用的猎头的好几个电话。但是，我拒绝了他，因为当时我在康柏做得很顺心。但是，他们坚持不懈地邀请我。所以我最后想，还是去会一会乔布斯吧。他缔造了我所处的整个行业，我也很愿意见到他。因此，我最终去见了乔布斯。

"我只是想去见一见他，但是没想到他侃侃而谈地说了很多，他谈到自己的战略和愿景，他还说准备全面进入消费者市场。行业中的每个人都认为不可能在消费者身上赚到钱，因此他们都进入了服务、存储和企业市场。我一向觉得，随波逐流并不是好事，这样

第十章
只要做好准备,机会总会来的

做的结果不是失败就是更大的失败。乔布斯做的是一些与众不同的事情。

"而且,他还给我讲了设计方面的一些事情,真正引起了我的兴趣。他所讲的就是后来被称为iMac的产品。他讲话的方式、房间里我和他之间的默契,让我觉得我可以与他很好地共事。

"而且,我看到了苹果面临的问题,我想我可以在这里做出一些贡献。与他共事,可以说是我一生的荣幸。突然之间,我心里有了一个念头,'我要去苹果,我要去苹果'。这个声音一直在我耳边回响,'到西部去吧,年轻人,到西部去'。我当时还很年轻,放弃好好的工作去苹果也许并没有道理,但是,我听从了内心的声音,最终去了苹果。"

在与乔布斯见面前,蒂姆·库克的思考是极其理性的:供职的康柏电脑公司是世界上最大的PC厂商,业绩远远好于苹果,而且公司总部设在得克萨斯州,更靠近奥本大学橄榄球场,从成本和效益的考虑来看,没有任何理由跳槽到风雨飘摇、朝不保夕的苹果去。

当然,对于乔布斯这位PC界的风云人物,蒂姆·库克内心是充满敬意的,他渴望与乔布斯有更深入接触的机会,但他当时确实不太看好苹果的未来发展。面对心中的困惑,蒂姆·库克选择了征求那位与自己私交甚笃的上司的意见,而上司的回答可谓直言不讳:"只有傻瓜才会从康柏跳槽去苹果。"亲朋好友得知蒂姆·库克内心的想法,更是纷纷劝阻。

然而,只与乔布斯面谈了5分钟后,蒂姆·库克就心甘情愿做了亲朋好友口中的"傻瓜"。尽管在人们的印象中蒂姆·库克一直贴着"理性"的标签,但在那一刻,他的理性败给了他的直觉,用他自己的话来说:"在决定是否去苹果的过程中,我不得不脱离工程师的固有思维来考虑问题。工程师往往通过分析法做出抉择,不含一点儿感情。在成本和效益之间必须做出抉择时，他们会选择对其更有利的那一个。**在我们的人生道路上，偶尔依据直觉行事似乎更合适。**令人感兴趣的是，我发现在面临人生最重要的抉择时，直觉似乎是让你做出正确选择的最不可或缺的东西。

"在依据直觉做出重要决定时，一个人必须放弃原有的人生规划，这种规划或许会与最终结果有相似之处。直觉是一种在瞬间发生的事情。如果你听从直觉，它可能会指引你走上最适合的人生道路。1998年年初的那一天，我听从了自己的直觉，而非我的左脑或好友的建议。我当初为何会那样，时至今日我也没搞明白。"

在蒂姆·库克看来，生命中最重要的决定都来自直觉，无论是在个人生活中还是在职业生活中。"我觉得，你需要很多信息和数据来为那种直觉做'饲料'。"他说。

苹果创始人乔布斯曾说："直觉是真正发自我们内心的声音，它代表着我们的需求。跟随直觉行事，让它指引我们奋斗，必将达成我们的最终梦想。""直觉是非常强大的，在我看来甚至比思维更强大。很多时候，基于直觉的理解和意识，比抽象思维和逻辑分析更为重要。"

蒂姆·库克也曾建议奥本大学的毕业生们："我的建议就是跟着你的心走，其他都是水到渠成。如果你找到了自己的真爱所在，就努力地去做；如果你努力地去做，就会有一些很棒的结果。可能一段时间内看不到这个结果，但这是迟早的事情。如果你一开始做的事情感觉不对，那么也要有勇气做出改变。因为生命短暂，如果不喜欢这项工作的话，就应该果断地去改变它。工作有点儿像游戏，最主要的是你要享受它、喜欢它。如果你不喜欢这份工作，就干脆跳槽换一份工作。"

因为相信直觉，乔布斯获得了成功，创造了独一无二的苹果；因为相信直觉，蒂姆·库克选择了苹果，创造出属于自己的传奇。

每个人都想拥有辉煌的人生，却很少有人知道如何才能拥有它。而能否拥有辉煌的人生在很大程度上取决于是否有正确的人生方向，而个人的幸福生活也离不开这个方向的指引。

确实，确立自己的人生方向是我们一生中最值得认真去做的事情。在这方面，想要做出好的选择，不仅需要知道"我是什么样的人"，更需清楚地知道"我究竟需要什么"，搞清楚自己需要什么，并为之去努力，才能够确定正确的人生方向，取得人生的辉煌。

而要清楚"我究竟需要什么"，很大程度上要靠个人的直觉，通过自己内心的所想，找到自己从心底喜欢的东西。当你真正找准方向之后，就会发现，自己的人生会大不相同，不仅更有意义，也更快乐。

对于年轻人来说，选择方向尤为重要，只有这样才能在人生的路途上越走越顺。在具体的操作过程中，要向蒂姆·库克学习，勇于追随自己的直觉，听从内心的声音，选择一个自己喜欢的方向。只有这样，才能够在奋斗的过程中获得更多的乐趣，并发挥出自身的优势，将自身的潜力完全释放出来。这是一种智慧。相信你的直觉，你将拥有它！

我相信奋斗，努力奋斗

尽管蒂姆·库克认为，直觉对我们做的每一件事情都具有重大影响，但他更清楚地认识到，如果不做好充分的准备并付诸实践，一切都没有意义。在他看来，"**直觉虽然能够带领你走进正确的那扇门，却无法告诉你那扇门背后到底是什么。所以，你还是要随时做好应对一切的准备**"。

蒂姆·库克十分喜欢亚伯拉罕·林肯说过的一句话："我会一直做好准备，直到机会有一天到来。"在他的人生中，他始终坚信这一点。而且正是这个基本信念，指引他到奥本大学学习工业工程，指引他到杜克大学学习商业，指引他进入苹果，指引他成为苹果CEO，指引他接受如此多的工作和任务。

在蒂姆·库克看来，商业同体育一样，成功还是失败往往在比赛开始以前就已注定。"我们无法掌控机遇何时降临，但我们可以做好充分的准备。"他说。和现在的大学生担忧"一毕业即失业"一样，蒂姆·库克在大学毕业时也对未来充满担忧。他坦言："我在1982年走出校门时有同样的担心。当时的经济状况与今天极为相似，失业率达到两位数，华尔街金融体系虽未崩溃，但美国的确遭遇了债务危机。我与我的许多同学一样，对前途未卜感到惶恐不安。"

但亚伯拉罕·林肯的那句话一直激励着蒂姆·库克，帮他一步步走到了苹果CEO的位置。蒂姆·库克曾说："**就我而言，人生旅**

第十章
只要做好准备,机会总会来的

途是完全不可预测的,这可以引用林肯的那句话:'我所能做的也只有做好准备了。'世界会不断改变,环境会不断改变,你所在的公司也会兴衰起伏,你最终可能在同一家公司,也可能不是这样;你最终可能从事同一项职业,也可能不是这样;你最终可能和你现在的伴侣结婚,也可能不是这样。生命中有很多事情,虽然我们不希望改变,不过它们都会变,我想,你需要有一颗'北极星',始终朝'北极星'的方向迈进,然后让这些东西自然围绕到你身边,从而寻找你的人生旅途!"

在蒂姆·库克看来,他人生中的"北极星",其实就是奥本大学的校训:"我相信奋斗,努力奋斗。"

在苹果公司员工的眼里,蒂姆·库克是个十足的工作狂。他每天凌晨4点半给下属发邮件分配工作,全球性电话会议更是随时都会召开,而且他几乎每天都是第一个到公司,最后一个离开公司。多年来,蒂姆·库克都坚持星期天晚上给下属开电话会议,为星期一更多的会议做准备。此外,蒂姆·库克还常常投入大量时间和精力关注细节,用一位与他共事者的话说就是:"他不仅清楚自己做的每一件事,也很清楚你做的每一件事。"

在谈到自己在苹果所取得的成就时,蒂姆·库克总会提到"努力奋斗"这个词。他曾说:"我非常幸运,能够通过当年的一次直觉的选择,进入这样优秀的一家公司工作。然而,我现在所拥有的一切并不是直觉带给我的,而是努力奋斗的结果。"

在蒂姆·库克看来,苹果公司在创新方面所取得的成果,也是基于大家的不懈努力。因此,蒂姆·库克不仅希望自己做到"努力奋斗",也希望他身边的人做到这一点。在一次开会时,他谈到中国存在的某个问题,说道:"这太糟了!应该有人到中国推动解决这个问题。"会议进行30分钟后,他看见他的得力助手萨比赫·卡恩还在身边，突然面无表情地问："你怎么还在这里？"萨比赫·卡恩不得不马上起身，连衣服都没有换就开车直奔机场，订机票飞往中国。

每个人都有梦想，每个人的梦想都是美好的，但是再美好的梦想如果不付诸行动，不去努力奋斗，只想着不劳而获，那么梦想就只能是梦想，永远不可能变为现实。

多年以前，美国有一家报纸刊登了一则园艺所重金征求纯白色金盏花的启事，在当地一时引起轰动。高额的奖金让人们趋之若鹜，但在千姿百态的自然界中，金盏花除了金色的就是棕色的，要培植出白色的并不是一件易事，所以许多人一阵热血沸腾之后，就把那则启事抛到九霄云外去了。

一晃就是20年，一天，那家园艺所意外地收到了一封热情的应征信和一粒纯白金盏花的种子。当天，这则消息不胫而走，引起巨大反响。

寄种子的是一个年已古稀的老人。老人是一个地地道道的爱花人，当她20年前偶然看到那则启事后，便怦然心动。她不顾儿女的一致反对，义无反顾地干了下去。她撒下了一些最普通的种子，精心侍弄。一年之后，金盏花开了，她从那些金色的、棕色的花中挑选了一朵颜色最淡的，任其自然枯萎，以取得最好的种子。次年，她又把它种下去，然后，再从这些花中挑选出颜色更淡的花的种子栽种……

终于，20年后的一天，她在那片花园中看到一朵金盏花，它不是近乎白色，也并非类似白色，而是如银如雪的白。连专家都解决不了的问题，在一个不懂遗传学的老人手中迎刃而解，这是奇迹吗？这当然不是奇迹，而是一个老人努力奋斗的结果。

著名美学家朱光潜说："人生本来就是一种较广义的艺术，每个人的生命史就是他自己的作品。这种作品可以是艺术的，也可以不是艺术的，正如同是一种顽石，这个人能把它雕成一座伟大的雕像，而另一个人却不能使它'成器'，分别全在性分与修养。知道生活的人就是艺术家，他的生活就是艺术作品。"而一个人良好的"性分与修养"，是要通过自己的努力奋斗才能获得的。

当我们看到一个名人的成功时，都不禁会起羡慕之心，但是他们事业的成功，无不是经过奋斗得来的，就连一般人在普通生活中的小小成功，也都是通过奋斗得来。

日本著名实业家稻盛和夫认为，人生是一个奋斗的过程，我们生活一天，就得奋斗一天。生活一分钟、一秒钟，就得奋斗一分钟、一秒钟，奋斗使人生更多彩，同时也能够锻造出一个人的高尚人格。如果你羡慕蒂姆·库克的成功，那么就要牢记他的人生格言——"我相信奋斗，努力奋斗"，做到每一分钟、每一秒都努力奋斗，才能收获属于你的成功。

把事情做好，自然而然就能收获金钱

2012年4月，高管薪酬信息服务公司Equilar在对美国一些年营收超过50亿美元的上市公司高管的收入（包括基本年薪、现金奖金、额外收入、股票奖励和期权奖励）进行调查后，发布了一份数据报告。报告显示，苹果CEO蒂姆·库克是2011年美国薪酬最高的CEO，总薪酬达3.78亿美元，较2010年增长2%；排名第二的则是甲骨文CEO拉里·埃里森，其薪酬总额为7760万美元；排名第三的是杰西潘尼CEO罗纳德·约翰逊，其薪酬总额为5330万美元。

蒂姆·库克的这3.78亿美元的薪资当然不是工资，而是包括工资、额外收入、奖金和一次性股票奖励在内的所有收入，其中股票奖励总额就高达3.76亿美元，但解禁时间为10年：一半股票的解禁时间为2016年，另一半解禁时间为2021年。因此，扣除股票奖励，蒂姆·库克2011年的收入，算上工资、各种津贴奖金，实际为180万美元。

不过，到了2012年，根据苹果在2012年12月28日提交给监管机构的文件显示，蒂姆·库克当年的总酬薪为417万美元（包括136万美元的工资和280万美元激励计划的酬金，没有股票奖励），比2011年的3.78亿美元大幅下降了99%。

到了2013年，蒂姆·库克的年薪（薪金和奖金部分）为430万美元，另还获得了苹果授予的价值6960万美元的公司股权，两项收入合计达7390万美元。尽管不敌脸书创始人兼CEO扎克伯格冠绝群雄的39亿多美元（扎克伯格在2013年年薪仅为1美元，但其获得的股权收益高达39亿美元）。

许多人惊讶于蒂姆·库克每年的薪资收入起伏如此之大，但蒂姆·库克对这些并不在乎。他曾在一次媒体采访中谈到自己的财富观，他说："**钱对于我来说，永远是结果，而不是动机；金钱永远不是我早起的理由，永远不是；把事情做好，你自然而然就能收获金钱。**乔布斯也知道这个道理，所以他不强调财富，从没见过他做哪个决定是为了个人财富。"

在2014年10月22日出席清华大学经管学院顾问委员会会议，并与清华大学经管学院院长钱颖一展开"巅峰对话"时，蒂姆·库克也再次谈及了他的财富观：

第十章
只要做好准备,机会总会来的

"人如果不在乎钱,就会有一种圣洁感、纯洁感,在考虑问题的时候,就不会受到钱的影响,就能够思考出一种非常深刻的思想。

"对于MBA的一些学生来说,有些学校过多地强调金钱。对我来说,金钱是一个结果,而不是拿它当宗旨。金钱不应该成为你做事的动力,你不应该想着要赚钱,所以早上逼迫着自己起床。当时我工作的那家公司太在意钱了,所以,苹果邀请我过去的时候,我就欣然接受了。

"当我见到乔布斯时,发现他对钱并不是很在意,我就非常欣赏他这种态度。我认识他这么多年,从来没有看到他做过关于个人财富的决定。这从来不是他关注的重点。因为他做出了如此卓越的产品,当然他也变得非常有钱。但这只是一个副产品,是一个水到渠成的结果。所以希望同学们能够学到这一点。"

因为蒂姆·库克不看重金钱,所以他一直都很节俭。在苹果员工眼里,蒂姆·库克也是一个极其节俭的人。尽管蒂姆·库克通过多次交易抛售苹果股票套现:2012年3月12日出售20178股苹果公司股票,套现1110万美元;2012年3月26日出售106640股苹果股票,套得现金6400万美元;2014年9月出售了348425股,套得现金3525万美元,但蒂姆·库克在2010年以前一直是在帕罗奥图离乔布斯不远的地方租一所普通的房子居住,这所房子甚至连空调都没有安装。2010年,蒂姆·库克终于在他原来租住房子的区域买了一栋房子,花费190万美元,这在当地只能算普通房产。

有人曾问他为什么要住在这么简朴的房子里,蒂姆·库克的回答是:"我希望我因自己所从事的职业而被记住,让我置身于朴素的房子中,可以帮助实现这一点。金钱不是我前进的动力。"

当苹果即将发布iMovie时,乔布斯要求所有高管录制家庭视频以测试软件,而库克的视频是关于在帕罗奥图找房子,反映的是20

世纪90年代后期房地产的高价。他的第一辆跑车是二手的保时捷博克斯特；他每两年才会为自己添置新的内衣裤，而且还是在诺德斯特龙时尚百货打折时期购买的；他一整天都吃蛋白棒，也吃一些鸡肉或米饭这样简单的食物，这些都充分说明生活中的蒂姆·库克是一个十分节俭的人。

蒂姆·库克认为，节俭让生活变得简单，这样他就有更多时间投入他最爱的事业中去。正如他自己所说的："我热爱这家公司，苹果是我生命中重要的组成部分。或许有人会说，苹果是我生命的全部，但我只会说是重要的组成部分。你知道，我不仅爱这家公司，而且也觉得自己负有责任。我认为，这家公司就像是一件无价之宝，它是世界上最令人难以置信的公司。因此，我想要投入全部努力，尽我所能地去做所有的事情，从而确保它能发挥最大的潜力。"

在蒂姆·库克看来，很多公司高管常犯的错误是有时候过多强调金钱，事实上，金钱是结果，而不是动力。一家公司的领导不能因为想要赚钱早晨才早早起床，时刻关注产品和用户才是最重要的。

很多人都知道，看一个人是否富有，就要估测他的身价。钱越多，他就越富有。那么，富有就是真富贵了吗？一位商业大佬给出了这样一个方程式：财富+心贵=富贵。他说："财富不是单单用金钱来比拟的。衡量财富就是我所讲的，内心的富贵才是财富。如果让我讲一句，'富贵'两个字，它们不是连在一起的，这句话可能得罪了人，但是，其实有不少人，'富'而不'贵'。真正的'富贵'，是作为社会的一分子，能用你的金钱，让这个社会更好、更进步，让更多的人受到关怀。所以我就这样想，你的贵是从你的行为而来。"

第十章
只要做好准备,机会总会来的

或许有人会问:那么企业家真正的财富究竟是什么呢?

一个有关洛克菲勒的故事诠释了一切:洛克菲勒自小生活贫寒,甚至捡过破烂,后来靠石油投资立业致富。鼎盛时期,他的财富曾经达到美国国民财富的1/47;20世纪初美国经济大萧条时期,联邦政府曾经向他借过钱。

可他并没有因巨富而改变自己的平民生活本色:在出差与旅行中,他总是选择坐飞机的经济舱,住一般旅馆,而他的儿子则选择了坐头等舱,住豪华旅馆。这种反差让人奇怪,有人问他这是为什么,他的回答是:"因为他的父亲是个富人,而我的父亲是个穷人。"

企业家真正的财富并不是货币积累,而是企业家精神!

企业家真正的财富,绝不是表面的金钱化的货币积累,而是由其信念、道德、品质、态度、方法及其实践共同形成的内在企业家精神!正是凭借自己的企业家精神,很多企业家尽管出身贫寒,受过的正规教育不多,创业资本也有限,但他们善于识别机会,敢于实践,大胆挑战,百折不挠,从而成就了日后的事业,创造了财富,也赢得了声誉。

不被外界言论左右，只听智者的话

2014年10月22日，蒂姆·库克出席了清华大学经管学院顾问委员会会议，并与清华大学经管学院院长钱颖一展开了"巅峰对话"。

席间，钱颖一向蒂姆·库克抛出了这样一个问题："你这辈子听到的最好的建议是什么？"

蒂姆·库克的回答是："我最好的建议来自乔布斯。乔布斯让我接管苹果CEO的时候，我说自己担当不了。乔布斯又一次讲了他的故事，然后对我说：保持专注，不要想如果是乔布斯他会怎么做。很多人会说，如果乔布斯在世的话，他肯定不会如何如何……这些评论永远不会影响到我。

"不管你做什么，异议总会存在。当噪声太多时，你要听从内心的声音。别人的异议或许有道理，但对你来说没任何好处。对于那些没意义的噪声，我选择屏蔽它们。

"我知道乔布斯信任并看重我。现代世界有很多不可能，如果你觉得自己应该成为一个CEO，就不要被外界言论所左右。不被外界言论左右，不是避而不听，而是只听一小部分人的话，要听智者的话。

"乔布斯说过，拥有多元化的员工组合很重要，随之而来就会有不同的意见。我也会听有意见的人的想法，但不会听那些只会喊叫说些废话的人的意见。"

第十章
只要做好准备,机会总会来的

在蒂姆·库克看来,无论有多少人批评他"脸皮厚",他还是坚持认为每个CEO都需要有顶住非议的力量,因为一个人如果太过敏感,耳根太软,是当不了CEO的,更是当不好CEO的。"社交媒体上有太多噪声,你需要去坚持你的决定。批评更容易、更简单,但是告诉你该怎么做的人却很少。那些在电视上、社交媒体上夸夸其谈的批评者很多,你听到这些噪声的时候,千万不要去管。要进入禅定的状态,不要受影响。"他说。

2013年,苹果的股价下跌了,有人说苹果股价下跌了10%。对于这种消息,蒂姆·库克会查数据来确定其可信度。如果苹果的股价真的下跌了,比如像2008年,苹果那一年下跌了50%左右,2009年年初苹果的股价跌到了75美元,蒂姆·库克才会扪心自问:"我们是在做正确的事情吗?""这才是我的重点,而不是让别人或市场左右我应有的感受,否则就会让你感觉自负或自责,这都是不应有的感觉。"这就是蒂姆·库克看待股价的方式,他不会因为股价感到失落,因为他坚信自己能带领苹果公司走好未来的路。

有时,人们过于迷信他人的看法,反而失去了自己。其实,每个人的判断都像我们自己的钟表,没有一块走得完全一样,有时一味听从他人的意见,便永远不知道时间,应该相信自己的判断。

丰子恺先生有这样一段文字:"有一回我画一个人牵两只羊,画了两根绳子。有一位先生教我:'绳子只要画一根。牵了一只羊,后面的都会跟来。'我恍悟自己阅历太少,后来留心观察,看见果然如此:前头牵了一只羊,后面数十只羊都会跟去。就算走向屠宰场,也没有一只羊肯离群而另觅生路的。后来看见鸭也如此。赶鸭的人把数百只鸭放在河里,不需用绳子系住,群鸭自能互相追随,聚在一块儿。上岸的时候,赶鸭的人只要赶上一两只,其余的就会跟着上岸。即使在四通八达的港口,也没有一只鸭肯离群而走自己的路的。"

丰子恺先生的这段话其实深刻地触到了做人的一个原则,跟在别人后面走,下场也同别人一样。对于每一个人来说,凡事要有自己的主见,要学会自己拿主意,坚定自己的立场,相信自己的力量,不要因为他人的评价而放弃自己内心的想法,不做别人毁誉的"奴隶"。字画皆人生,疏淡之间,意趣横生,细细思量,的确有一条隐在尘世中的绳索,牵着在生活中迷乱的人们。

圣人孔子曾说:"吾之于人也,谁毁谁誉?如有所誉者,其有所试矣。斯民也!三代之所以直道而行也。"孔子对于人,从不妄下断语,不因为别人一说好坏就下定论。这句话还可以从另一个方面理解:攻讦、恭维都是正常的事,特别是功成名就之时,身后的毁誉也就随之而来,且会越来越多。这个时候最好的办法就是不要去管。任何毁誉都是有原因的,或在己或在人,听话的人心中清楚就可以了。

孔子还说"三代之所以直道而行也",意思是说,毁誉不动摇在于行得正、走得直。所以当全世界的人都在恭维的时候,不要动心;当全世界的人都在毁谤的时候,不要沮丧。这是一种大丈夫的气概,无论是对个人修养的增进,还是在与人交往的过程中都十分重要。尽管我们不知道蒂姆·库克看没看过《论语》,但他坚持的"不被外界言论左右,只听智慧人的话"却很好地证明了孔子的这个观点。

附　录　—— 蒂姆·库克讲话录

2010年5月在奥本大学毕业典礼上的演讲

感谢大家的热情邀请，感谢弗吉尼亚把我介绍得那么完美。我刚才还以为她是在介绍别人呢。今天能在这里见到大家，我感到非常荣幸，我很高兴能回到这个对我来说像家一样的地方，回到这个曾带给我无数美好回忆的地方。奥本大学对我以前的人生产生了巨大影响，现在也一样。如果你去过我在库珀蒂诺的办公室或者我在帕罗奥图的家，就能立即发现这一点。我保存了很多奥本大学的纪念物，当然你可能会想那是从书店里买的《加州前哨》。

站在你们面前，我内心十分激动，我知道发生在我们身边的那场灾难（2010年墨西哥湾漏油事件），相信它曾给在座许多人的生活甚至是我们全州及以外地区带来过严重冲击。我是在墨西哥湾长大的，我的家人到现在也还生活在那里，我的心情与你们是一样的，我希望大家能早日渡过难关。站在这里，我内心无比激动，同时又充满谦卑之情，因为我深知我是如何才能站到这里，也深知在座的各位都是谁。

我能走到今天，是因为我的父母牺牲了很多他们原本应该拥有的东西，是因为我的老师、教授、朋友和导师给了我超出他们责任范围的关心，是因为史蒂夫·乔布斯和苹果给我提供了宝贵的工作机会，让我在这12年中每天都能专注于这项意义非凡的工作。同时我也明白，正在听我演讲的人中有一群受人尊敬的教职工，你们的思想和研究对我们的生活产生了积极的影响。在座的还有学生的父母、祖父母,他们也为我们的毕业生提供了非常宝贵的灵感源泉。在这里,我要和大家分享我的人生心得和发现,它们来自我人生中最难忘的旅程,让我受益匪浅。

迄今为止,对我的人生影响最大的一个决定,就是加入苹果。这个决定起初并没有在我的人生规划中,但它毫无疑问是我做过的最正确的决定。当然,在我的人生中还有许多其他重要的决定,譬如决定来奥本大学。我念高中的时候,有老师建议我读奥本大学,也有些老师建议我读阿拉巴马大学。我说过,有些决定是很轻松的。但是,1998年我做出加入苹果的决定并不容易。那时候你们当中的大多数人还只有10岁,你们可能不知道,1998年的苹果和今天的苹果相比真是天壤之别。1998年的苹果没有iPad,没有iMac,没有iPhone,甚至没有iPod,我知道,你们很难想象没有iPod、iPad、iPhone的生活。尽管当时的苹果已经有Mac电脑,但是销售不佳,连年亏损,人们普遍认为,苹果已经濒临破产了。就在我接受苹果工作的前几个月,戴尔公司的创始人兼CEO迈克尔·戴尔被媒体问及他会怎样拯救苹果时,他回答说:"我会关闭它,然后把钱还给股东们。"戴尔的这一番话其实是当时大多数人的心声。由此可见,当年苹果的处境有多么艰难。

当时我供职的康柏公司是全球最大的个人电脑生产商。撇开康柏明显好过苹果太多的运营状况不谈,单是康柏公司总部设在得克萨斯州,方便我就近观看奥本大学的球队比赛这一点,就足够我选择康柏了。从纯粹收益和成本方面来考虑,任何有理智的人都会选择康柏,当时我的朋友们也都建议我留在康柏。我曾经向一位CEO朋友咨询此事,他很坚定地对我说,如果我离开康柏,加入苹果,那将是一个非常愚蠢的决定。

在决定是否进入苹果这件事上,我必须脱离我固有的工程师的思维方式来思考。工程师的思维方式就是通过不带任何感情的客观分析来做出决策。当我们遇到选择的时候，我们会列出成本和收益，最终选择性价比较高的那一个。但在我们的生活中，很多时候，通过计算成本与收益而做出的决定并不一定都是正确的。在我们的人生道路中，有时候就得靠直觉来做决定。有意思的是，我发现在面对人生重大决定的时候，直觉似乎更能让你做出正确的选择。

要想依靠直觉做出重大决定，你就必须放弃原来的人生规划。当然，这些规划也可能与最后的结果有一定的关系。直觉就是一瞬间发生的事情。如果你遵从内心的想法，听从直觉的指引，它就有可能指引你到达最适合你的人生轨道上。在1998年的那一天，我听从了直觉的指引，而没有听从我的左脑或我最好朋友的建议。我到现在也不明白自己当时为什么会这样做。但是，在我与史蒂夫·乔布斯会面不到5分钟后，我就抛弃了我的逻辑和谨慎，决定加入苹果。我的直觉当时告诉我，加入苹果是我一生中仅有一次的机会，让我能够与富有创意的天才一起工作，成为管理团队中的一员，重新振兴一家伟大的美国公司。如果当时我的直觉输给了我的左脑，我真不知道我今天会在哪里，但肯定不会站在你们面前。这确实是一次令人难忘的经历。

我还记得，在我自己的毕业典礼上的那种对未来充满迷茫的感觉，那时我非常希望自己能有一个25年的规划来引领我的人生。当我念商学院的时候，我甚至尝试做过一个25年的人生规划。为了准备这次演讲，我特意找出了这份22年前的人生规划。但我现在要说的是，这些东西根本不值得用泛黄的纸张记录下来。当年我还是一个年轻的MBA学生时，我并不理解这一点。但生活就像抛出的曲线球，你永远不能确定它的轨迹。别误会，做规划本身是好的，但如果你像我一样，偶尔也想去看看篱笆外面的风景，那就不要指望你能按部就班地生活。虽然你不能为人生做规划，但你仍然可以为人生做好准备。一个优秀的击球手并不知道曲线球什么时候飞过来，但是他知道它会飞过来，因此他会做好一切准备。人们总以为直觉就是依靠运气或信仰，至少在我看来，事实并非如此。直觉能够告诉你应该进哪扇门，却不能告诉你打开门会发生什么事。

说到这里，我想起亚伯拉罕·林肯说过的一句话："我会一直做好准备，直到机会有一天到来。"我对此深信不疑。正是这种信念指引我来到奥本大学学习工业管理学，指引我在奥本大学加入了合作学习项目，指引我到杜克大学学习商业，指引我接受了难以计数的工作和任务。

商场如赛场，大多数比赛结果在比赛开始之前就已经决定了。我们不能控制机会来临的时间，但是我们能够控制我们的准备时间。就目前的经济形势和你们大多数人的担心而言，我觉得林肯的这句话在今天尤其适用。1982年我刚毕业的时候，我也有着和你们一样的担心。但是，在座的很多学生家长可能还记得，当时的经济形势与现在差不多。失业率高达两位数，尽管华尔街没有银行倒闭，但严重的储蓄和贷款危机已经出现了。和我的同学们一样，我当时也十分担忧自己的未来。

但是，林肯的这句至理名言，不仅适用于我们1982届的毕业生，同样也适用于今天毕业的你们。做好准备，机会就会来临。正如我们所有的前辈经历的一样，你们将会站在你们上一代人的肩膀上，也就是我和你们的父母这一代人的肩膀上。你们将会看得更远，取得更大的成就。

在这个伟大的时刻，生活在这个伟大国家的你们和你们的家人，会聚在这个伟大的学校，这证明你们的准备已经开始了。毕业后，你们还要像你们在奥本大学所做的那样，继续做好充分的准备。这样，当你的直觉告诉你"我的机会来临"时，你就能信心百倍地准备迎接它了。如果你已做好准备，而且正确的大门也已向你敞开，你只需要明白一件事：你做的准备有多大，你的成就就有多大。至少对我而言，奥本大学校训中的第二句话"我相信奋斗，努力奋斗"让我产生了很大的共鸣，而且一直是我的核心信念之一。这句话看上去简单，却蕴含着无穷的智慧，足以经受住时间的考验。

无数事例告诉我们，那些想要不费吹灰之力就取得成功的人终究是在自欺欺人。我非常幸运，我的身边有很多睿智的、听从直觉的思想家，他们创造了世界上最精致、最伟大的产品。

对于我们所有人来说，直觉不能取代缜密思维和努力工作，它只是一块敲门砖。我们没有捷径可走，我们必须关注每一个细节，听从好奇心的指引。我们清楚，整个过程有可能非常漫长，但是最终一切都会是值得的。我们敢于冒险，也知道冒险有时候会导致失败。但是，没有失败，又何谈成功？我们牢记阿尔伯特·爱因斯坦说过的一句话："疯狂就是重复做一件事情，并期待有不一样的结果。"总而言之，直觉对你做的任何事情都能起到重要作用，但如果没有坚持不懈的准备和行动，一切都将变得毫无意义。这些就是我对直觉、准备和努力工作重要性的心得体会。在我看来，它们给我指出了一个基本的原理，而且能够应用到你人生中最重要的决定中：相信你的直觉，然后用你拥有的一切去证明它的正确。

逻辑告诉我，我应该就此打住，但就像我说过的，有时候逻辑并不占上风。因此，我还有最后一个心得体会要和大家分享：如果只谈成功，不谈失败，这是一种误导。每一个成功过的人都不可避免地会经历苦涩、绝望和落魄，所以，不要一遭遇失败就停滞不前。

附 录
蒂姆·库克讲话录

你们拥有的自我怀疑的挫折感,我也一直有,尽管我今天在这大谈怎样来做出重大的决定,但我也曾做过一些错误的决定。就像你们中的许多人一样,我的人生中也充满了挑战和失败。但是,当经历漫长的人生旅程后,我意识到,所有的艰难时刻都会过去,每跨越一次失败,我们都将变得更加坚强和睿智。老话常说:"一切都会过去。"对于我来说,这句话就是至理名言,我相信对于其他相信这句话的人也是如此。所以,在你的头脑中描绘你们人生最宏伟的蓝图吧,做好充分准备,相信自己,听从你的直觉去行动,不要因为生活的困难而分心。

祝贺你们,2010届的毕业生们,今天是你们人生中的重大时刻,你们已经在一流的学府中接受了一流的教育,同样应该被祝贺的还有一直支持你们的亲朋好友。在今天这个重要的日子里,请你们保证在今后继续秉承奥本大学的精神,去享受你们未来的旅途,而非某些遥不可及的目标。无论你们在未来会走向何方,请尽情享受其中的快乐。感谢大家聆听我的演讲,谢谢!

2011年8月就任苹果CEO后致员工的信

我非常期待在这个全球最具创新能力的公司担任CEO。加入苹果是我做过的最正确的决定。我一生中最大的荣幸,就是在过去13年中为苹果和乔布斯工作。乔布斯对于苹果的光明未来非常乐观,我也一样。对于我个人、全体管理团队和我们的员工来说,乔布斯是一位伟大的领导者,是一位良师益友。我们衷心地希望乔布斯作为董事长来继续指导和鼓励我们。

我希望你们相信,苹果不会改变。我珍惜并支持苹果独一无二的原则和价值观。乔布斯一手缔造的公司及其文化与世界上任何一家公司都不相同。我们将会保持这样的文化,事实上,它已融入我们的血液,成为我们DNA中的一部分。我们将会继续制造全世界最好的产品,满足用户的需求,并且让员工为我们所做的努力感到无与伦比的自豪。

我热爱苹果,并热切期待能够进入我的新角色。来自董事会、管理团队和大家的鼎力支持,让我备受鼓舞。我相信,我们的前途会更加美好,我们只要团结一心就能继续保持苹果现有的独特地位。

2012年在高盛科技和互联网大会上的讲话

问：对于苹果公司与供应链及内部员工的关系，有什么应该让投资者知道的吗？

蒂姆·库克：首先，我希望大家明白一点，苹果非常重视工人的工作环境，这也是我们长期以来坚持的原则。我们关心每一位工人，无论他是在欧洲工作，还是在亚洲或美国工作。我本人也在多家工厂待过很长时间，不仅仅是作为一位管理者。我先后在阿拉巴马州的一家造纸厂和弗吉尼亚州的一家铝制品工厂当过工人。我们的许多高管经常定期访问工厂，我们还有数百名员工常驻工厂。我们密切关注着生产流程，对工人的工作环境了如指掌。

大家都知道供应链是相当复杂的，与供应链有关的问题也非常复杂，但我们的承诺非常简单：我们坚信每一位工人都有权利享受公平和安全的工作环境，不会受到任何歧视，可以获得他们应有的报酬，可以自由地表达他们的想法。苹果供应商要想与我们合作，就必须做到这一点。

我们还坚信，如果人们具有技能和知识，就能改善自己的生活。我们为此耗费了大量心血，为整个供应链的工人们提供教育资源。我们向供应链的许多工厂提供免费课堂，我们与当地大学合作，为他们提供英语、创业知识和电脑技能等方面的培训。迄今为止，已经有超过6万名工人参加了这些课程，这真是一个令人惊讶的数字。如果将这些接受过培训的员工聚集在一个地方，场地的规模将超过美国规模最大的大学——亚利桑那州立大学。

而且，其中许多工人还会获得副学士学位。所以，对于那些渴望改善生活，实现更高人生理想的人来说，这是一个非常不错的跳板。至于我们正在解决的问题，大家可以从我们的网站上看到相关细节。我想告诉大家，在我们这个行业中，没有哪家企业像苹果这样关注工人工作环境的改善。

我们会不断地对各个工厂进行审计，深入供货链一线，查找问题，发现问题，解决问题。我们会公布一切事情，因为我们深信透明在这个领域非常重要。我对我们的团队在这个方面取得的成绩无比骄傲。他们专注于解决最困难的问题，他们一丝不苟，直至解决了问题。他们堪称我们这个行业的楷模。

下面，我会给大家举几个例子，因为我认为这非常重要，也是目前大家关心的。

我们认为雇用童工是十分可憎的行为。在我们的供货链当中，这种情况极其罕见，但我们的首要任务就是彻底消除这种情况。我们以前一直致力于在组装环节解决这个问题，现在会扩大至供应链。如果我们发现供应商故意雇用童工，我们会认为这是一种赤裸裸的冒犯行为。

在安全问题上，我们不容许任何人存有侥幸心理。为了拥有更安全的生产流程，我们聘请了世界上最知名的权威人士和专家，帮助我们制定新的标准并在整个供应链推行。

我们十分关注细节。如果一家工厂的餐厅缺失了灭火器，那么这家工厂就无法通过我们的审查，直到灭火器在餐厅安装到位为止。

我们会继续专注于解决我们在这个行业所特有的问题，如工作时间过长的问题。我们的供应商行为准则规定，工人每周的工作时间不得超过60小时，但我们还是发现仍有违规现象存在。因此，今年年初我们声明将做出较大的调整，以通过微调来管理工作时间。

今年1月，我们收集了供应链上大约50万名工人每周工作情况的数据，发现有84%的供应商遵守了我们的规定，与过去相比，情况明显有所好转，但我们还需努力做得更好。我们正采取史无前例的措施，每个月在我们的网站上公布用工情况，让每个人都能清楚地看到我们做出的努力。

大家或许都知道，在我们的要求下，公平劳工协会（FLA）已开始对我们的产品装配厂商进行大规模审计。我们从去年开始在审计项目上与FLA展开了合作，今年1月，我们成了第一家被允许加入他们协会的科技公司。FLA的这次审计或许是大规模制造行业历史上最为详尽的工厂审计，无论是在规模、范围方面，还是透明度方面。对于最终的结果，我也十分期待。

我们知道，大家对苹果怀有很高的期望，其实我们对自己怀有更高的期望。我们的客户希望苹果继续引领行业，我们也会一直朝着这个目标努力。我们何其幸运，拥有地球上最聪明、最具创新精神的人才。我们在新产品开发上投入多大精力，就会在供应链责任问题上投入同样大的精力。这就是苹果的宗旨。

问：上季度苹果出货3700万部iPhone，苹果什么时候进入了大众时代？这些增长又将带来什么机会？

蒂姆·库克：在上个季度，iPhone的销量达到3700万部，这是一个很惊人的数字，这个成绩让我们很满意。但接下来，我将谈谈我的不同看法，至少在对待这些数据上，我的看法可能和大家有所不同。

我知道，在上个季度，3700万部的销量在智能手机市场所占的份额是24%。也就是说，在4个人当中，有3个人购买的是其他品牌的智能手机。在整个手机市场，iPhone的份额不足9%，也就是说，10个人当中有9个人会买其他品牌的智能手机。去年智能手机市场的规模为5亿部，预计到2015年将达到10亿部，而整个手机市场的规模预计达到15亿~20亿部。由此看来，这个行业的发展速度快得惊人，发展空间十分广阔。那么，与整个市场规模进行比较，就会发现3700万部其实并不多。

在我看来，规模就意味着机遇。从过去到现在我们最关注的事情，一直都是打造世界上最好的产品。我们认为，如果我们继续专注于这件事情，持续打造iPhone生态系统，那么我们就能在这个庞大的市场上大展宏图。

问：最大的机会就是新兴市场，其中预付费市场占据了很大的份额。苹果手机是很棒，但是它的批发零售定价却与我们在预付费市场期盼的价格相差甚远。您将如何让它在这些市场上的价格更加亲民一点儿？

蒂姆·库克：首先，我要说明，这些市场对我们非常重要。正如我前面所说，到2015年智能手机市场的规模预计将达到10亿部，而在未来的3年内，中国市场和巴西市场将占据这一预测数字的25%，也就是将销售2.5亿部智能手机，足见这两个市场的重要性，当然其他市场也同样重要。

我们一直很关注中国市场。iPhone在中国获得了极大的成功。在过去的几年里，我们在大中华区的营收从最开始的数亿美元，迅速增加到了2011年的130亿美元。所以，我们一直在努力分析中国市场，并将其中的经验教训推广到其他市场去。尽管很多人在这个问题上并不同意我的看法，但结果表明，世界各地人的消费习惯确实存在共性。事实证明，无论在哪个国家，人们都渴望获得最好的产品。他们不是追求最好的产品的廉价版本，而是追求货真价实的最好的产品。所以，这是贯穿始终的一条主线。

新兴市场与成熟市场之间确实存在很大的差别。例如，在大多数发达国家，大部分iPhone经销权都掌握在运营商自己手里，但在新兴市场，零售商拥有最大的经销权。正如大家所知道的，我们去年在提供补贴的市场做出了一些改变。

但正如我所说，最重要的是产品，这才是关键。当然，还有营销，我们已经认识到消费者的购买力存在差异。顺便提一句，与许多人不同，我并不提倡预付费的做法。在中国，我们说服中国联通尝试后付费模式，这家运营商以前在中国大部分地区并没有采取过这种模式，效果好得令人惊讶。消费者很乐意看到这样的改变，因为他们能以更低的价格购买手机；运营商也喜欢这样的改变，因为他们可以让消费者长期使用自己的服务，这是双赢的事情。我不是说这一规律适合每一个市场，但我们应该以不同的视角看待这个问题，这种模式在中国确实取得了成功。

事实证明，当苹果在2001年先后推出iPod和iTunes Store，并将它们导入Windows以后，iPod为Mac创造了光环效应。这让Mac重新走向复苏，我们的Mac业务在连续23个季度里的增长超过了行业平均增幅，这可是整整6年的时间啊。

但是，iPod给Mac带来的光环效应是在发达国家创造的。它是美国创造的，是在西欧创造的，是在日本创造的，是在澳大利亚和加拿大创造的，而不是在东欧、中东、拉美创造的，不是在非洲、中国以及其他亚洲国家创造的。因为人们已经从手机上获得音乐内容。然而，当iPhone推出时，世界因我们而改变了。因为iPhone，数亿人知道了苹果这家公司，有些人购买iPhone，有些人没有购买，还有人渴望得到一部iPhone。iPhone将我们的品牌介绍给以前从未用过苹果产品的人。

以中国为例，2011年Mac在中国的销量同比增长100%，这个成绩真是相当了不起。要知道，中国个人电脑市场2011年才增长了10%，所以Mac的增长速度是行业平均增幅的10倍。很显然，iPhone正在给Mac创造光环效应，iPhone还给iPad创造了光环效应。大家可以清楚地看到这些产品的协同效应，它不仅存在于发达国家，还出现在新兴市场。

下面，我用数据来说明这一点：2007年，iPhone在大中华区、印度等其他亚洲国家、拉美、东欧、中东、非洲等国家和地区的营收总计为14亿美元。我之所以选择这个年份举例，是因为在2008年以前，我们还只是在美国推出iPhone。2011年，这些国家给苹果贡献的营收达到220亿美元。而且，这还只是我们触及的市场表面。这的确是我的真实感受，原来我们主要专注于中国市场，2011年才开始慢慢关注巴西和俄罗斯市场。这些市场拥有更多的机遇，所以我认为这对于苹果的未来发展意义深远。

问：谈谈iPad吧，iPad已经推出大概7个季度了，你们已经发售过5500万台iPad，这是苹果公司历史上增长最快的一个产品。是什么原因让这个产品增长如此之迅猛？由此，从长远的角度看，您怎么看待平板电脑市场？

蒂姆·库克：5500万台的销量其实出乎我们的意料。我们花了22年的时间才卖出5500万台Mac，花了5年时间才卖出2200万部iPod，花了3年的时间才卖出同样多的iPhone。iPad的轨迹的确不同寻常。为什么？因为这款产品在创新上确实快得不可思议。从iPad 1到iPad 2，这个过程相当短暂。开发者帮助我们打造了一个完备的生态系统：目前可供iPad优化使用的应用有1.7万款，这一切真的令人难以置信。但是在我看来，iPad如此成功的最大原因是它站在了巨人的肩膀上。iTunes Store和APP Store都发挥了巨大的作用，人们通过iPhone对多点触控功能有所了解，因此，当人们开始使用平板电脑时，一切都变得如此直观。

令人惊讶的是，居然有这么多人喜欢iPad——大家都在使用，我母亲也在使用，7岁大的侄子也有一台。我今天早上去健身房时，发现我的教练也在用iPad。在星巴克，我发现我周围的人几乎每个人手上都拿着一台iPad，在读报纸或做其他事。教育领域和企业界也开始使用iPad。我认为，iPad是迄今我所见到的普及速度最快的一款产品。

问：那么您觉得iPad将慢慢超越电脑市场吗？

蒂姆·库克：在iPad发售前，我们苹果内部就已经开始使用iPad。当然，为了不被人发现，我们的一切开发工作都是保密的。当我注意到iPad迅速占据了我80%～90%的精力时，iPad的开发工作也已完成。

坦率地讲，从iPad出货的那一刻起，包括我在内的苹果大部分人都认为，平板电脑的市场规模将最终超过PC市场，不过是时间早晚的问题而已。今天我比之前更加坚信这一点。因为我注意到，使用iPad的人多得让人难以置信，开发人员的创新进度也快得让人难以置信。

如果我们今天在这间宾馆里举行会议，邀请开发最酷PC应用的所有开发者来参加会议，可能一个人也不会来。但如果你邀请iOS或其他系统的开发人员来参加会议，包含所有着手该项目的人，那么前来的开发者会让这个宾馆爆满，这里的每一平方英寸都会站满人，这就是创新的力量。这并不意味着PC即将走向灭亡，我爱Mac，而且它还在增长，我认为它仍会增长。

但我深刻地感觉到，平板电脑市场产品销量将超越PC市场，这只是速度和时间的问题。业界发生了太大的变革。总之，这是我的看法，人们也可以有不同看法，如果你不能说服我，我会坚持这个看法。

问：目前，几乎每个公司都推出了平板电脑。看到这样的竞争格局，没有一家能够真正与苹果的市场相匹敌。我们看到一些创新的机型，例如亚马逊。许多公司都在跟iPad抢夺市场，不仅仅在价格方面。您是如何看待这个问题的呢？

蒂姆·库克：价格不是最重要的因素。廉价品也能有一部分销量，有些人会很高兴把它买回家，但当他们真正使用产品时，就没有那么高兴了。因为每天使用时都不会感到高兴，他们渐渐就不再使用这个产品。你将不再为"我淘到了便宜货"而欣喜，因为你开始厌恶这个便宜货了。

这就是发生在去年的事情，PC领域和手机领域的每一个人都感受到了这一点，每个人都决定必须拥有一部平板电脑。据不完全统计，去年有100款平板电脑上市。每个厂商都以iPad 1为目标，而我们则想尽快创新推出iPad 2。当他们觉得有能力与iPad 1竞争时，我们的iPad 2又出来了。我们为推出了17万款应用而兴奋，我不确定其他平台推出的应用是否达到了100款。

我认为，人们最终需要的是伟大的产品。亚马逊是一个不同类型的竞争对手，他们拥有不同的优势，我认为他们将销售很多平板电脑。但iPad针对的消费者是不会满足于一款功能有限的产品的人。我认为创新和推进下一个边界，才是平板电脑市场真正的催化剂。老实说，我们将与所有厂商竞争，我喜欢竞争。只要每个人都

附录
蒂姆·库克讲话录

致力于发明自己的东西，我就喜欢竞争。

问：平板电脑和电脑是如何进行竞争的？我们想要估算一下传统电脑市场何时会退败在平板电脑市场下。作为一个同时发布传统电脑和iPad的公司，您有何想法？

蒂姆·库克：我认为iPad确实夺去了部分Mac销量，我们比其他厂商更愿意认可这种竞争方式。我们不会抑制苹果任何一支团队开发最伟大的产品，即便是它会影响其他领域产品的销量。我们的最高优先选择是，让消费者满意，我们希望他们购买苹果的产品。

现在，我不会预测PC产业的灭亡。我也不同意这一点，不可否认，现在iPad夺去了部分Mac销量，夺去了更多Windows PC销量。iPad抵消其他产品的销量要高于Mac，这对于我们来说是一个加分。我认为平板电脑最终会取代PC，这种竞争会随着时间的流逝慢慢开始扩大。

我不太了解政治，但我认为它会强迫你压制你的信息，告诉你本身的身份。所以，我认为这对于PC业界有利，因为他们已经拥有了强大的竞争对手；这对于平板电脑市场也有利，因为他们将进行疯狂的创新。最终由消费者决定选择哪种产品。我也认为PC业界规模将会更强大，只是平板电脑市场将比它更加强大。

问：现在谈谈资产情况，苹果拥有980亿美元现金及短期资金流，过去苹果对资金投入非常保守。那么为什么在回购股份和发行分红的时候显得有点儿勉强？我们能期望这一现状有所改观吗？

蒂姆·库克：谈到苹果持有的现金流，首先，我不同意你们使用的"保守"这个词，至少我不会使用这个词。在供应链上，我们已经花费了数十亿美元；在收购上，我们同样花费了数十亿美元，包括知识产权收购；在零售领域，我们同样花费了数十亿美元；在基础设施、公司、数据中心、苹果应用商店和iCloud等方面，我们也花费了数十亿美元。但有一点你们说对了，我们还剩下很多现金。但我认为我们还拥有清醒的头脑，我们需要深思熟虑。我们每花一笔钱都要把它当作是最后一笔钱，我认为股东们希望我们这么做。他们不希望我们大手大脚花钱，当然我也从来不会这么做。这听起来可能有些不可思议，但它是事实。

在现金的使用上，我自担任CEO后就一直表示，我不会迷信持有或支出。我们董事会都在非常积极地讨论如何使用这笔钱，但我认为每个人都希望我们深思熟虑后做出决定，事实上现在我们正是这么做的。我们不会做出一些稀奇古怪的决定，因此大家不必担心我们的口袋里是不是有漏洞。

问：讨论是不是有点儿积极了？我指的是，现金结余额度如此之大，是不是利用率会因此下降呢？

蒂姆·库克：众所周知，外界一直在讨论我们的现金流水准。只不过现在讨论得更多、更详细。我认为每一个人都非常清楚，我也要承认，苹果现在拥有的现金已经高出了维持每天业务运营所需要的费用，所以我们在积极讨论它的使用。我只要求你们更加耐心一点，这样我们就能以更加从容的方式使用这笔钱，为股东做出更好的决定。

问：我们聊聊客厅吧，您说过，Apple TV仍然处于兴趣阶段。请问是什么原因要说它仍处在兴趣阶段，或者未来将会有什么变化？

蒂姆·库克：对于未来，我不想过多讨论，因为大家可能会误解我说的话。从现有产品来看，我们去年卖出了不到300万台Apple

TV机顶盒。如果你没有Apple TV，你应该就去买一台。它是款很酷的产品，离开它我无法生活，就像促销期间无法进行充足的休息。

上一财季我们卖了140万台，销量不算很高。其实，它之所以被我们称为"业余爱好"，是因为我们不想向大家和我们的股东传递一种信息，一种我们认为电视市场规模等同我们其他业务规模的信息，这其中包含手机业务、Mac业务、iPad业务以及iPod业务。我们不想发送电视市场和我们其他业务规模同等的信号，这就是Apple TV被我们称为"业余爱好"的原因。

一般来说，苹果不做"业余爱好"，秉承专注，并致力于某几样产品。不过有了Apple TV后，虽然该市场还存在一定障碍，但对于我们这些使用Apple TV的人来说，总还有机会。如果我们继续追随这一灵感，并不断发展，我们可能会发现更大规模的市场。对于那些已经拥有Apple TV的人来说，消费者的满意度从图表中就能看出，但是我们仍然需要努力让它进入更多主要市场，成为一款严肃的产品。如果你还没拥有Apple TV，你应该去买一台，因为它真的是一款很酷的产品。

问：我还希望能谈谈Siri和iCloud，请问这两者对于苹果的前景有何重要作用？

蒂姆·库克：我认为，推出Siri和iCloud对于苹果有很深远的意义。如果你使用了iCloud，将时间拨回到10年前，早在12年前，史蒂夫·乔布斯就宣布了一项将Mac或PC定位于人们数字生活的策略。为此，苹果开发了一整套叫iLife的应用，你可以使用它连接任何设备，同步所有音乐和相片，编辑相片和电影等。让Mac或PC成为你的储藏库，就是我们的理念。

现在iCloud将这种理念的发展做了更进一步的推动，近二三十年来，我们拥有了多种设备。将iPad信息同步到Mac上，将iPhone信息同步到Mac上，然后再同步到iPad上，这已经不再是一种伟大的用户体验。自2011年10月我们发布iCloud这项服务以来，我们已经拥有了1亿iCloud用户，这真是令人难以置信，很明显我们可以做得更多。我们认为iCloud不是一个一年或两年的产品，而是下一个10年以上的策略，我认为这真的意义深远。

还有Siri。如果你这些年来一直使用PC或Mac，你就需要使用物理键盘，使用鼠标进行输入。你们肯定很长时间以来一直这么做，这一领域正在进行演化，但并没有很多真正的革命。然后苹果突然在MacBook Pro上推出了多点触控，这酷极了，我们还将它拓展到了手机和平板电脑上，这在业界真是一个很大的变革。但Siri是另一个具有深远意义的变化，是我们一直梦寐以求的输入方式。人们肯定想把它引入工作中。令人难以置信的是Siri现在还只是测试版产品，我原先从来不觉得，生活中不能没有一款测试产品伴随，但是我现在感觉到我离了它无法生活。

我认为Siri和iCloud都具有深远的意义，我们不需要考虑它的盈利或亏损，这不是我们担心的。我们希望提供一个伟大的用户体验，如果以盈利或亏损来衡量就无法开发出这种伟大产品。它们不是寿命在一年或两年的产品，而是你在未来还能够与子孙后代讨论的产品，这确实是一项意义深远的变革。

问：显然，您已经多次提过您想要保持苹果的文化和战略。当我们回顾CEO的改变，每个CEO都在战略和文化上写下了变革性的一笔。您觉得您的领导将如何改变苹果？您决定对哪些方面进行维护？

附 录
蒂姆·库克讲话录

蒂姆·库克：苹果是一家独一无二的公司，不可复制。我绝不愿看到也不允许让它缓慢衰败，对此我深信不疑。

这么多年来，乔布斯灌输给我们所有人一个理念，那就是苹果应该以伟大的产品为中心，专注于极少的产品，而不是做更多不擅长的产品。我们只会进军对社会做出巨大贡献的市场，而不是仅仅在市场中销售大量产品。这些理念与保持优秀，是我们专注的所在，正是这些使得苹果成了一家魔力十足的公司，吸引真正聪慧的人前来加入。他们想要的不仅仅是一份工作，而是一份最棒的工作。

看着人们使用iPhone，在健身房中使用iPod，或在星巴克中使用iPad，没有比这更让人激动的了。这些都让我感到欣喜，这种感觉无可取代。

我们一直关注未来，而不是静坐思考昨天的辉煌。我喜欢这样，因为这是促使我们前进的动力，也是我所坚持且始终放于首位的事情。

2013年在高盛科技和互联网大会上的讲话

问：有关苹果向股东发放现金分红的问题。

蒂姆·库克：苹果没有"经济萧条时代的心态"。苹果在产品方面一直是大胆的、雄心勃勃的，但我们在财务方面则比较保守。如果你看看我们去年在投资领域的行动，就会发现去年我们的资本支出高达100亿美元。我们认为，今年我们的资本支出也将达到类似的金额。我们不仅对全球零售、产品创新、新产品和供应链等领域进行了投资，还收购了一些公司。我认为，一家在过去两年时间里进行了20多次投资活动的公司，是不会有"经济萧条时代的心态"的。

另一个事实是，我们已经通过派发股息和回购股票的方式向股东返还了450亿美元资金。我认为没有一家拥有"经济萧条时代的心态"的公司会这样做。

现在，我们确实拥有大量现金。单单是上个季度，苹果在业务运营活动的现金流就超过了230亿美元，这是一种令人难以置信的"特权"，我们会根据这种情况慎重考虑向股东返还更多资金。事实上，管理团队和董事会正在热烈讨论这个事情，那是我们股东想要的东西。

我认为这项建议是有建设性的。我们将充分评估其提议。争论的核心是一项有关苹果代理权的提议，这项提议是我们在去年12月提交的。这项提议与股东权益有关，事情并非苹果是否会向股东返还更多现金的问题，也并非向股东返还多少现金的问题。苹果正在审视该公司能采取什么措施来进一步改进公司治理。我们认为，我们应去除公司章程中的空头支票。

问：关于埃因霍恩提起的诉讼中所涉及的"二号提案"的问题。

蒂姆·库克：我觉得，由于采取有利于股东的措施而受到起诉是件不可思议的事情。坦白地说，那是一种愚蠢的"杂耍"。我觉得，把时间和金钱贡献给一项值得去做的事业才是更好的资金使用方法。你们不会看到我们利用自身资金来为竞选运动提供政治献金，那是浪费股东的钱，是一件令人分心的事情，对苹果来说并非一件意义重大的事情。

我支持（埃因霍恩）的"二号提案"。现在我们所面临的重大问题是返还现金：如何返还和返还多少，对此我们十分认真。但是，与"二号提案"相关的事情是一种愚蠢的"杂耍"。我们强烈感觉到，苹果股东应该会批准任何发行优先股的提议。

问：过去你们每年都会进行多项并购交易。苹果文化中是否有某些东西让您转为反对进行大规模并购交易的概念？

蒂姆·库克：在过去的3年（2011—2013年）里，我们平均每个月都会收购一家公司，那些被收购的公司都有高素质的人才或知识产权。一般而言，我们在收购后会将他们开发的技术投入使用并应用到苹果的产品上。一个很好的例子是：几年前我们收购了一家公司，帮助我们构建自己设计引擎的能力，那些引擎现在用于所有iPhone和iPad中。这是一个拥有非凡技术的团队，当时曾致力于开发Power PC。我们对那种产品没有兴趣，因此将他们的技术应用到

iPhone和其他产品上。我们还会继续这么做。

我们也评估规模较大的公司,但是每一次,规模较大的公司都没能通过我们的测试。我们以后是否还会继续评估大公司呢?我想是的。但是我们有严格的纪律和想法,而且没有必要通过收购大公司来提高公司收入。我们希望制造出伟大的产品,如果哪家大公司能够帮助我们制造出伟大的产品,我们会有兴趣收购它的。但是,我要重申的是,深思熟虑是我们在收购方面的大原则。

问:苹果如今的创新文化如何?

蒂姆·库克:苹果的创新文化前所未有地强大,创新已经深深嵌入了苹果的文化。大胆的开拓精神、志向、打破所有界限的信念、想要生产世界上最好产品的意愿,都前所未有地强大。这种创新精神植根于公司的DNA里。

就某些基本要素来说,没有什么公式可言,如果有公式的话,那么许多公司就都已经获得了创新能力。有些基本要素是技巧和领导能力。

就技巧而言,苹果正处在一个独一无二的、无可比拟的地位上。苹果在软件、硬件和服务领域中都拥有相关技巧。PC行业的模式已经不是当今消费者想要的东西,他们想要的是一种优雅的体验。真正的"魔术"是在这三个领域的"十字路口"发生的,而苹果有能力在所有这三个领域中进行创新。这些技巧并非开张支票就能买到,而是需要数十年的经验积淀。

环顾高管团队,我看到了许多"超级明星",许多人都是各自领域的顶尖人物。如乔纳森·艾维,他是世界上最好的设计师,现在他还将自己的才能带到软件领域中;如鲍勃·曼斯菲尔德,我觉得他是世界上顶尖的硬件专家;如杰夫·威廉姆斯,他是运营领域中无人可及的人才；还有菲尔、丹和克雷格等人，他们都聚焦于产品领域，是他们各自领域中的顶尖人物。能成为这样一个团队的成员，我感到非常荣幸。

问：在最重要的产品类别中，你们是否已经达到了极限？

蒂姆·库克：苹果的字典中没有"极限"这个词。就智能手机市场而言，我预计这个市场在未来几年时间里将增长一倍。这是一个庞大的市场。从长期来看，所有的手机都将是智能手机；全球范围内已经有14亿多人在使用智能手机，而未来将有更多人会升级至智能手机；而且，人们喜欢定期升级。

在5亿部智能手机的销量中，超过40%都是在过去一年（2012年）中发生的。在这一时期，我们建立了一个生态系统，这个系统能提供世界上最好的用户体验。此外，这个生态系统还为开发者带来极好的经济收入。我们向开发者支付的费用已经超过80亿美元。

当我看到苹果在中国市场上的成绩时，我认为这让任何人都印象深刻。公司的年度营收已经从几亿美元增长至30亿美元，然后是130亿美元……现在，我们的年度营收每年都会增加100亿美元以上。

问：对预付费用户来说，iPhone的价格过高。您对创造一种出色的用户体验是怎么想的？

蒂姆·库克：这个问题经常都会被问及。伟大的产品是我们的"北极星"。所有员工每天在工作时，都会坚持这个目标。我们不会去做任何在我们看来不够伟大的产品；或许有些公司会这样做，但我们不会。

如果看看我们做了什么事情来吸引那些对价格敏感的用户，就可以发现我们降低了iPhone 4和iPhone 4S的售价，截至2012年12月份，iPhone 4供不应求，这真是让我们惊讶。

我们正在采取措施来让更多用户能买得起我们的产品。当我们最初推出iPod时，售价为399美元，而今天你能以49美元的价格买到一部iPod Shuffle。我们要做的不是如何进一步降低iPod的价格，而是如何去做一种伟大的产品，而且我们有能力做到。我们的结论是，我们无法生产一种伟大的（Mac）产品，但我们发明了iPad。突然之间，我们拥有了一种令人难以置信的体验，其售价为329美元起。有些时候，你可以用其他方式来解决问题。

与PC行业相比，在过去的几年时间里，公司在两个领域中展开竞争，那就是规格和价格。人们想说："我获得了更大的硬盘和更快的处理器。"在摄像头领域中，人们开始讨论百万像素的问题。事实是，人们想要惊喜，而（手机、平板电脑）这样的东西不会带来这样的效果。你知道AX处理器的速度吗？很可能不知道。但这件事情很重要吗？你想要的只是一种奇妙的体验而已。

从显示屏来看，有些人看重的是尺寸。但对显示屏来说，有些事情也很重要。有些人钟爱色彩饱和度高的显示屏，而Retina显示屏的亮度是发光二极管显示屏的两倍。我之所以这样说，是因为显示屏有很多属性，苹果要做的就是做好每个细节。我们关注所有细节，想要最好的显示屏，而且我们已经做到了。我不会对未来做些什么置评，但总会比一个数字就能定义的事情广泛得多。

问：iPad未来有什么样的机会？

蒂姆·库克：平板电脑市场十分庞大，这对苹果来说将是一个巨大的机会。在这个领域，苹果能展示自己将软件、硬件和服务合为一体的能力，创造出一种令人惊异的体验。苹果第一财季iPad

附 录
蒂姆·库克讲话录

销量为2300万部；与此相比，同一季度中惠普的PC销量为1500万台。从2012年全年来看，iPad销量超过惠普所有PC系列产品的销量。这是一种重大的转变，而我们正处于这场"游戏"中的早期回合。我们的预期是，在未来的4年内，平板电脑市场将增长两倍，也就是达到3.75亿台。平板电脑正在吸引很多从来都没有过PC的人，以及那些有过PC但从来都没有获得过出色体验的人。我不清楚具体的市场份额，但我们是唯一真实报告平板电脑销量数据的公司。

我们发现，几乎所有财富500强公司都在使用我们的平板电脑，其中包括教育领域。当然，我们在消费者市场上也能找到自己产品的身影。通常情况下，产品需要很长时间才能进入所有这些市场，而我们已经在某种程度上做到了。这是件让人十分激动的事情，对整个行业有意义深远的影响，再次证明如果有一种产品能在所有领域中都带来优异的用户体验，那么用户就会喜欢和购买这种产品。

问：通过iPad mini来追逐市场份额，这中间的权衡取舍考虑是怎样的？

蒂姆·库克：其实，这不是我第一次被问及产品自相蚕食的问题，早在苹果推出iBook时我就被问到过。笔记本产品在Mac产品系列中所占比例已达到3/4或更高，Mac去年的表现创下历史纪录。人们担心iPad会杀死Mac。很多人开始担心这种自相蚕食的问题，但事实上我们不认为这是个很严重的问题。我们的基本信念是，如果我们的产品不自相蚕食的话，那么别人的产品也将会这样做。

尤其是在iPad的例子中，我要说的是Windows PC市场十分庞大，这个市场上的自相蚕食问题要比Mac或iPad产品系列中的问题大得多。我认为，如果一家公司开始担心自家产品互相蚕食，就将开始走向灭亡。

就iPad而言，从一些数据来看，在中国和巴西等市场上，购买iPad的用户中有一半以上原来从没用过苹果产品。这对我们来说是件大事，那就是向人们展示苹果是怎样的一家公司，生产怎样伟大的产品，最终将他们吸引到我们的用户群体中来。在过去几年时间里，我们已经在购买首款苹果产品的用户与拥有其他苹果产品的用户百分比之间发现了非常明显的相关性。

我认为，这将成为所有市场的经验。在上个季度，我们面临着难以让所有人都感到满意的困境。

除了我们在电话会议上做出的预期，我不会做出更多有关利润率的预期。我们的看法是，可以出于战略理由而接受任何产品利润率的下降。我们相信自己执行供应链和逐步压低成本的能力。平板电脑市场十分庞大，因此在这个市场上推出另一种产品是很有意义的。人们想要尺寸较小、重量较轻的iPad，同时不降低产品体验。我们有其他方式用来赚钱和为股东提供回报。

在上个季度，我们的软件和服务营收为37亿美元。与软件和服务公司相比，这一数字真让人吃惊。

我们并非只是一家硬件公司，所以我们正在做其他事情来让营收和利润流动。我们并不认为售出产品是与客户关系的最后一部分内容，反而认为这是第一部分。我们非常关注服务，而且提供服务也能给我们带来财务利益。这不只是一家硬件公司能给我们带来的能力，让我们在近期内不必担心过多。我们正在以推动苹果长期增长的方式来管理公司。我知道，人们关心我们公司的季度业绩，我们也关心，但我们做出的决定是为了苹果的长期健康，而并非90天内的短期表现。

2012年，在扩大生态系统的地域覆盖范围上，我们花费了大

附 录
蒂姆·库克讲话录

量精力。现在,在全球155个国家的市场上,运营着APP Store应用商店;在100多个国家中,运营着iTunes商店;在100多个国家中,我们提供免费的iBook;在50多个国家中,我们提供收费的iBook。我们几乎在所有国家中提供云服务,iMessage也覆盖了所有能运营的国家。我们只在唯一一个重要的国家中没有出售电影。我确实觉得,2012年我们取得了重大的进步,在全球范围内建设起了不同水平的基础设施。我们的目标是让自己的生态系统覆盖所有地方。

问:能谈谈有关零售的问题吗?

蒂姆·库克:要发现、探索和了解我们的产品,没有什么地方能比零售领域更好的了。我们零售行业中的团队聚集了世界上最令人惊异的、最了不起的、最令人难以置信的人才。我们能提供最好的零售体验,这种体验会让你觉得,一旦你走进我们的专卖店就会马上发现,我们的目的是提供服务而并非出售产品。天才不仅能帮助你解决问题,也能帮助你在苹果产品的整个寿命周期中获得更多体验。对于苹果,零售相当重要。

我不确定零售商店这个说法是不是正确,几乎对所有用户来说,它们都是苹果的门面,他们不会想到库珀蒂诺,还是会想到苹果零售店。

我们正在扩大20家苹果零售店的规模,将它们搬到场地更大的地方。我们将新开30家专卖店,新进入13个国家,未来还将进入更多市场。我们上季度在大中华区新开了4家专卖店,未来还将开设更多。

许多人可能还没有认识到一点,那就是我认为如果不是由于苹果零售店,iPad无法取得今天这样的成功。平板电脑已在人们的观念中扎根,但苹果零售店是人们能找到、试用和体验iPad能做些什么的地方。我认为，如果没有苹果零售店，iPad将无法取得今天的成功——最高时达到一周1000万台的销量。苹果零售店给苹果带来了令人难以置信的竞争优势。2012年，每家专卖店平均创造的收入超过了5000万美元。

问：您在担任苹果CEO的第一年中最感到骄傲的是什么事情？

蒂姆·库克：最让我骄傲的是苹果的员工。他们在苹果致力于开发最棒的产品，从事他们一生中最优秀的工作。他们不带着任何边边框框的限制来做自己的工作，是世界上最具创造力的人才。我们的产品也让我感到非常骄傲。我们拥有市场上最好的智能手机、最好的平板电脑、最好的数字音乐播放器。我们会继续把重点放在那些我们选择去做的事情上。我非常看好未来，非常看好苹果能做到的事情。苹果能为世界做出更大的贡献。

对于自己领先竞争对手，我感到骄傲；对我们在供应责任中的"脊柱"作用，我感到骄傲；对我们对环境事业的重大提升，我感到骄傲；对我们消除毒素，我感到骄傲；对我们拥有最大的私人太阳能电站，我感到骄傲；对我们能完全使用可再生能源来运营自己的数据中心，我感到骄傲。我并不喜欢滔滔不绝地夸奖自己，但这就是我最真实的感受。

感谢高盛举办这次大会，感谢他们在更改会议日程方面所表现出来的灵活性。